Conversa de Amor

CONVERSA DE AMOR

4ª Impressão

Falem a Língua um do outro como jamais Falaram antes

DRS. LES & LESLIE PARROTT

Traduzido por Degmar Ribas

CPAD
Rio de Janeiro
2011

Título do original em inglês: *Love Talk*
Zondervan, Grand Rapids, Michigan
Primeira edição em inglês: 2004
Tradução: Degmar Ribas

Preparação dos originais: Gleyce Duque
Revisão: Daniele Pereira
Adaptação de capa: Joede Bezerra
Projeto gráfico e editoração: Joede Bezerra

CDD: 243 - Família
ISBN: 978-85-263-0792-6

As citações bíblicas foram extraídas da versão Almeida Revista e Corrigida, edição de 1995, da Sociedade Bíblica do Brasil, salvo indicação em contrário.

Para maiores informações sobre livros, revistas, periódicos e os últimos lançamentos da CPAD, visite nosso site: http://www.cpad.com.br

SAC — Serviço de Atendimento ao Cliente: 0800-701-7373

Casa Publicadora das Assembléias de Deus
Caixa Postal 331
20001-970, Rio de Janeiro, RJ, Brasil

4ª Impressão/2011 - Tiragem 1.000

Aos nossos "amigos das sextas-feiras"
Bonnie e Arnie Brann
Tami e Jeff Englehorn
Lori e Brent Hagen
Sandy e Harry Hanson
Arlys e George Osborne
Joy e Jim Zorn

Seus relacionamentos são uma inspiração, e oramos
para que cada um de vocês desfrute do dom da Conversa de Amor.

- Você está procurando uma maneira de levar as suas conversas a um nível mais profundo?
- Você sabe quando falar e quando se calar?
- Você já decifrou o código do estilo de comunicação de seu cônjuge?
- Você está evitando o maior erro de comunicação que a maioria dos casais comentem?
- Você já se sentiu como se o seu cônjuge estivesse falando uma língua estrangeira?

Então, você está pronto para a *Conversa de Amor.*

Agradecimentos

Sinceros agradecimentos...

À nossa equipe da INJOY: Kevin e Robin Small, Ken e Stacy Coleman, e Loran e Brenda Lichty. Não conseguimos sequer expressar o quanto somos gratos por seu firme apoio e entusiasmo. O cuidado e amizade sinceros que vocês nos ofereceram são incomparáveis. Conhecer cada um de vocês é, para nós, uma bênção constante.

À nossa equipe da Zondervan: Bruce Ryskamp, Scott Bolinder, Stan Gundry, Sandy Vander Zicht, Angela Scheff, John Topliff, Greg Steilstra, Joyce Ondersma, Jackie Aldridge, Mark Hunt, John Raymond, T. J. Rathbun, e todos os demais. Nos sentimos humildes por seu contínuo investimento em nós, e nos sentimos honrados por conhecê-los não só como profissionais perfeitos, mas também como amigos cuja companhia apreciamos totalmente.

A Sealy Yates. Há muito tempo, nosso querido amigo, trabalhamos juntos, e não poderíamos estar mais emocionados por tê-lo como um companheiro que entende a nossa paixão e que nos ajuda a cumprir a nossa missão.

A Janice Lundquist. Você está inextricavelmente entrelaçada às nossas vidas, e simplesmente não sabemos como poderíamos fazer o que fazemos sem você. Depois de todos estes anos, não poderíamos deixar de ser gratos — não só pelos seus incontáveis esforços em nosso favor, mas também pela amizade que compartilhamos.

Aos casais que deram o seu apoio e aplicação — sabendo ou não — sobre vários aspectos deste manuscrito durante o percurso: Steve e Thanne Moore, Kevin e Kathy Lunn, Mark e Candi Brown, Jeff e Stacy Kemp, Rich e Linda Simmons, Scott e Debbie Daniels, George e Liz Toles, Norm e Bobbe Evans, Bill e Becky Smead, Don e Jennifer Kenney, Braxton e Kimberly Bone, Randall e Bonnie Davey, John e Cindy Trent, Rodney e

Elizabeth Cox, Eric e Lisa Tooker, Doug e Margo Engberg, Tim e Tiffany Meany, e Jim e Karen Gwinn.

A Kristin (e Jeremy) Stendera cujo amor pelos nossos meninos, John e Jackson, nos proporcionaram "noites românticas" para que nós mesmos pudéssemos praticar a Conversa de Amor. Vocês são um presente valioso para a nossa família.

Mapeando o Curso de sua Conversa

Nós não possuímos um veleiro, mas temos amigos que possuem. E depois de ver quanto tempo e dinheiro são necessários para manter um barco flutuando, planejamos continuar dessa maneira. Seattle, a nossa cidade, é renomada por sua ótima atividade com barcos e todos os nossos amigos que velejam possuem mapas e cartas que freqüentemente cobrem as suas mesas de jantar. Eles estão ininterruptamente estudando passagens e canais diferentes que os levarão a uma aventura interessante. Pouco antes que a temporada de barcos seja aberta, eles gostam de nos mostrar onde poderíamos ir juntos, o que poderíamos ver pelo caminho, e que portos interessantes poderíamos visitar. Mapear o curso nos deixa animados para a jornada.

Praticamente da mesma forma, antes mesmo de ir para o primeiro capítulo deste livro, queremos apresentar um mapa de várias classes que lhe ajudará a saber onde planejamos levá-lo. Não vai demorar muito. Estamos ansiosos para que você comece, mas você terá uma jornada melhor se souber para onde estamos indo. Então, vamos dar uma olhada rápida.

Parte Um: Vamos Falar sobre a Conversa

O primeiro capítulo, "Podemos Conversar?", mostra por que nos sentimos compelidos a escrever este livro. Temos uma razão específica e achamos que você merece saber. O capítulo dois, "A Força Vital Relacional", destaca exatamente o que a boa comunicação pode fazer por sua vida amorosa. E dedicamos o capítulo três, "A Comunicação 101", para lhe ajudar a recordar alguns dos fundamentos antes de mergulhar no nosso novo modelo de Conversa de Amor. Este capítulo direto e objetivo fornece um curso fácil para assegurar que você tenha dominado totalmente aquilo que é básico. Estes três primeiros capítulos levarão a sua embarcação de conversa através das enseadas e marinas — algumas das quais você reconhecerá — em nosso caminho para o mar aberto, onde você começará a experimentar algo que nunca experimentou antes.

No capítulo quatro, "O Fundamento de toda Grande Conversa", içamos a vela principal e partimos para águas profundas. Aqui nós lhe ajudaremos a descobrir algo que chamamos de seu fator de insegurança pessoal. Isto tem a ver com o que o ajuda a se sentir emocionalmente seguro quando conversa com o seu cônjuge. E esta simples inspiração possui o potencial para ajudá-lo a atravessar as ondas bravias e percorrer os altos mares da Conversa de Amor. Mal podemos esperar que você chegue lá.

Parte Dois: Como Você Diz as Coisas que Você Faz

Nesta seção do livro, você encontrará quatro capítulos curtos, e cada um deles faz uma pergunta que traz consigo uma força poderosa. O modo como você responde a cada uma delas o levará um pouco mais perto da revelação do seu estilo único de conversa. É este novo entendimento de seu estilo de conversa pessoal que abrirá as portas para a Conversa de Amor.

O capítulo cinco leva em consideração a maneira como você enfrenta pessoalmente os problemas, visto que a solução destes compõe uma porção significativa da conversa de qualquer casal. Descubra como encontrar o seu destino enquanto viaja de carro, como tirar uma mancha teimosa do carpete, ou como encontrar mais minutos no seu dia; a solução de problemas é um tópico que nenhum casal pode evitar. E entender a química de como você e seu cônjuge abordam os seus problemas — agressiva ou passivamente — pode determinar o quanto vocês conversam bem sobre eles.

O tema do capítulo seis é sobre como vocês dois influenciam um ao outro. Quase toda conversa a dois envolve a tentativa de estarem em comum acordo. Você pode ter uma opinião forte sobre qualquer assunto de natureza política, ou sobre a comida em um restaurante local, e naturalmente quer que o seu cônjuge compartilhe o mesmo ponto de vista. Mas, naturalmente, isto nem sempre acontece, e então cada um tenta influenciar o outro. E você pode fazer isto mais com fatos ou mais com sentimentos. Quando chegarmos a este capítulo, descobriremos, com certeza, como você age.

O capítulo sete fala sobre como você reage às mudanças. Pense nisso: a mudança é a única constante de todo relacionamento, e pode consumir nossas conversas. Mudamos de carreira, mudamos de casa, mudamos o corte de cabelo, e mudamos de idéia. O nosso mundo está em um fluxo contínuo. E alguns de nós mudamos implacavelmente para o novo sem nunca olhar para trás (gostamos da empolgação e do desafio da mudança; gostamos de variar; estamos prontos e ansiosos para mudarmos daqui para ali), enquanto outros se agarram desesperadamente ao aqui e agora (gostam de constância; gostam de rotina). A maneira como cada um de vocês se comporta nesta série contínua revelará muito sobre os seus estilos únicos de conversa.

O capítulo oito fará com que você dê uma séria olhada no seu estilo pessoal de tomada de decisões. Como você toma decisões? Você é mais cauteloso ou é espontâneo? Esta área é um outro imenso catalisador para a conversa. Onde você quer ir para jantar? Devemos tirar férias ou comprar um carpete novo? Você quer ter um bebê? Devemos dirigir para casa usando a rodovia ou as estradas secundárias? Todo relacionamento é uma longa série de decisões. E se você e o seu cônjuge tomam decisões cautelosa ou espontaneamente (e se vocês as tomam da mesma maneira ou não) revela muito sobre o seu estilo de conversa individual.

Agora, no capítulo nove, lhe daremos uma ferramenta para responder a cada uma destas quatro perguntas com precisão. Aqui lhe apresentaremos o Indicador de Conversa de Amor — um instrumento simples que pode revolucionar para sempre a maneira como vocês falam um com o outro. Esta é uma promessa forte, nós sabemos. Mas passamos a acreditar nela com grande convicção.

Parte Três: Desfrutando a Conversa de Amor

Uma vez que você tenha identificado o seu estilo de conversa pessoal, o capítulo dez, "O Ajuste Fino da Conversa", fará com que você chegue ao ponto. Aqui revelamos o segredo para influenciar o seu estilo de conversa e para desfrutar do tipo de conversa franca que todo casal deseja. Nós lhe daremos uma estratégia certeira para resolver quase 90 % de suas dificuldades de conversa — e é mais fácil do que você poderia imaginar. Tem a ver com a maneira como você usa a sua cabeça, bem como o seu coração (ou como você deve usar ambos) em conversas com o seu cônjuge. Em outras palavras, este capítulo revela a anatomia da Conversa de Amor.

No capítulo onze, "Os Homens Analisam, as Mulheres São Solidárias", despimos o balbucio psicológico das diferenças de gênero e concentramos a atenção na distinção fundamental entre como você e o seu cônjuge falam. Homens e mulheres *são* diferentes. Mas a diferença não tem que ser complicada. Uma vez entendida, a nossa diferença de gênero básica, juntamente com os nossos estilos de conversa individuais, torna-se uma outra ferramenta para nos ajudar a aprender melhor a Conversa de Amor.

O capítulo 12, "Ouvindo com o Terceiro Ouvido", aponta para a primeira obrigação da Conversa de Amor — ouvir. Nós lhe mostraremos exatamente o que ela faz por um relacionamento, independentemente dos seus estilos de conversa individuais, e então lhe mostraremos como evitar o erro mais comum que os casais cometem nesta área. Além disso, lhe daremos um exercício de "leitura da mente" que você pode colocar em prática agora mesmo, e colher resultados imediatamente.

No capítulo 13, "Quando não Falar", fornece alguns conselhos que a princípio podem parecer não ortodoxos. Mostramos por que você às vezes precisa ficar calado. Não se preocupe: não se trata de acabar com a sua conversa; trata-se de como maximizá-la evitando sérias ciladas. Após pesquisar junto a casais quais são os melhores momentos para ficar calado, identificamos sete das ocasiões mais importantes em que os casais precisam parar de falar. Como você verá, este tipo de silêncio não é só de ouro; é essencial para alcançar o tipo de conversa que você deseja.

Finalmente, no capítulo 14, "Vamos Falar de Amor", revelaremos a conversa mais importante que você e o seu cônjuge terão. É um tipo de conversa que a maioria dos casais nunca considera, e ela pode fazer toda a diferença quando você "afia" e utiliza o poder da Conversa de Amor.

Então, aqui está. Quatorze capítulos no total, alguns mais curtos que outros, mas cada um deles criado para conduzi-lo a uma aventura que mudará a sua vida e o seu diálogo para sempre.

Então tire os seus sapatos, coloque os seus pés para cima, e aprecie a viagem.

Les e Leslie Parrott
Seatle, Washington

Sumário

Agradecimentos 09

Prólogo: Mapeando o Curso de sua Conversa 11

Parte 1: Vamos Falar sobre a Conversa

1. Podemos Conversar? 21
   Por que Escrevemos este Livro
2. A Força Relacional Vital 25
   Por que a Comunicação É Vital para a sua Vida Amorosa
3. A Comunicação 101 37
   Recordando o Básico
4. O Fundamento de toda Grande Conversa 49
   Descobrindo o seu Fator de Insegurança

Parte 2: Como Você Diz as Coisas que Você Faz

5. Como Você Resolve os Problemas? 63
   Agressiva ou Passivamente
6. Como Vocês Influenciam Um ao Outro? 71
   Com Sentimentos ou Fatos
7. Como Você Reage às Mudanças? 81
   Com Resistência ou Aceitação
8. Como Você Toma Decisões? 89
   Cautelosa ou Espontaneamente
9. Seu Estilo de Conversa Único 95
   Falando do Indicador de Conversa de Amor

PARTE 3: DESFRUTANDO A CONVERSA DE AMOR

10. O AJUSTE FINO DA CONVERSA 99
O Segredo para a Conexão Emocional

11. OS HOMENS ANALISAM,
AS MULHERES SÃO SOLIDÁRIAS 109
Agora Faz Sentido

12. OUVINDO COM O TERCEIRO OUVIDO 121
Você Consegue me Ouvir Agora?

13. QUANDO NÃO FALAR 135
O Paradoxo de todo Relacionamento

14. VAMOS FALAR DE AMOR 145
A Conversa mais Importante que Você jamais Terá

Epílogo: A Mensagem Fundamental da Conversa Amorosa 161

Apêndice: Ajuda Prática para o Cônjuge Silencioso 163

Notas 171

Sobre os Autores 175

Parte I

Vamos Falar sobre a Conversa

O que você diz ao seu cônjuge, e como você o diz,
é a influência mais importante sobre o seu relacionamento.
A sua vida amorosa irá afundar ou flutuar
— tudo depende da forma como você se comunica.

capítulo um

Podemos Conversar?

Por que Escrevemos este Livro

A vida é profunda e simples, mas aquilo que a nossa sociedade nos oferece é superficial e complicado.

Fred Rogers

Falamos muito sobre conversar.

Em quase cada esquina concebível da América do Norte, e em vários lugares em todo o mundo, Les e eu temos demonstrado técnicas e ferramentas para melhorar a comunicação de um casal. E seria impossível contar o número de vezes que um casal entrou em nosso escritório de aconselhamento após a sua comunicação ter sido dissolvida, e nos deu o refrão comum: "Simplesmente não nos comunicamos".

Dizer que falamos muito sobre conversa não é uma declaração incompleta. Na verdade, falamos tanto sobre ela que fomos questionados em várias ocasiões por pessoas em busca de conselhos, freqüentadores de seminários e editores, sobre a razão por que nunca escrevemos um livro sobre comunicação. E a nossa resposta permanecia a mesma: porque já existem muitos bons livros por aí, e até que tenhamos algo realmente importante para dizer sobre o assunto, não nos sentimos compelidos a escrever sobre ele. Afinal, estávamos fazendo o melhor que podíamos, em nosso próprio casamento, para colocar em prática os princípios e técnicas que outros especialistas haviam proposto. Para falar a verdade, também não estávamos sempre indo bem. E mesmo quando estávamos, freqüentemente nos encontrávamos querendo algo mais — algo mais profundo que conectasse as nossas almas. A comunicação com a pessoa amada é mais que a mera troca de palavras, mesmo se feita com uma habilidade elegante. A comunicação, se usada de forma a oferecer o seu proveito total, possui a promessa de aproximar as pessoas que se amam em um nível tão profundo, que qualquer pessoa de fora jamais poderá compreendê-la verdadeiramente.

Então começamos a decifrar o código para a conversa expressiva. Queríamos aprender a combinação para usar a comunicação a fim de nos ajudar a falar a linguagem um do outro como jamais havíamos feito antes.

> *Que grande prazer é ver aqueles que amamos e então conversarmos com eles!*
>
> Vincent McNabb

Ao menos, esta é a maneira como Les a coloca. Penso nisso mais como descobrir alguns dos mistérios profundos do relacionamento homem-mulher — sabendo que este relacionamento é complexo e multifacetado demais para ser codificado. Naturalmente, chegaremos — posteriormente neste livro — aos nossos estilos diferentes de escolha de palavras e metáforas (bem como as suas). A questão é que, por mais de uma década, estamos na expectativa deste segredo aparentemente ilusório — algo que nós dois ansiávamos.

Estávamos determinados a não nos distrairmos com nada superficial ou complicado. Estávamos em busca de um plano profundo e simples que mudaria a nossa comunicação de boa para ótima. Quando descobríamos uma nova técnica ou um método mais inteligente pelo caminho, tomávamos nota, mas novas técnicas não eram o nosso objetivo principal. Queríamos chegar ao centro da questão. Não iríamos nos conformar com um mero punhado de pepitas de ouro; estávamos em busca do veio principal. Queríamos descobrir o meio de nos tornarmos mais compreensivos e melhor entendidos. Estávamos buscando o segredo que abrisse o fornecimento completo da própria força vital de um relacionamento significativo.[1]

E descobrimos. O livro que você está segurando é o resultado de muitos anos de pesquisa, e ele lhe mostrará exatamente o que descobrimos: um plano profundo e simples para tudo o que uma conversa amorosa tem a oferecer. Nós o chamamos de Conversa de Amor.

Qual É o Objetivo?

Permita-nos ficar ao seu lado por um momento e imaginarmos onde você está. Você pode estar nos estágios iniciais de um namoro ou no limiar do compromisso, prestes a ficar noivo ou noiva. Você pode estar nos primeiros anos de seu casamento, ou pode estar casado ou casada há décadas. Você pode estar em seu segundo casamento, lutando para consolidar uma família. Talvez você esteja fazendo parte de um pequeno grupo com outros casais, ou matriculado em um curso que tem se dedicado a melhorar a sua vida amorosa. Onde quer que você se encontre no momento, queremos que saiba que escrevemos e reescrevemos estas palavras tendo você em mente. Revisamos cada capítulo, cada parágrafo, enquanto procuramos nos colocar em seu lugar. Queremos que este livro seja uma ferramenta eficiente para todo e qualquer casal que queira encontrar um modo melhor de falar a linguagem um do outro.

Queremos que vocês entendam completamente um ao outro e os seus estilos de comunicação específicos. Não queremos simplesmente apresentar algumas técnicas novas que você pode experimentar por algum tempo para ver se elas funcionam; queremos lhe proporcionar uma experiência que o levará a um novo nível de comunicação, o mais profundo que você já teve. Depois de ler este livro, queremos que você desfrute o incomparável conforto de dizer o que está em sua mente, e revelar o que está em seu coração. Oferecemos um modo de se comunicar como você nunca se comunicou antes.

Então, com este objetivo em mente, queremos lhe dar o nosso primeiro desafio. Depois de trabalhar com muitos casais, passamos a crer, com grande convicção, que é muito mais provável que você melhore a sua situação e atinja os seus objetivos pessoais relacionados à comunicação se expressá-los claramente. É por isso que queremos encorajá-lo — agora mesmo — a tirar apenas alguns minutos para escrever uma frase ou duas que descreva o seu objetivo pessoal ao ler este livro. O que você gostaria que mudasse em sua comunicação como resultado do tempo que você passará conosco nestas páginas? Faça isso de forma específica e concreta. Por exemplo, se você estiver namorando, pode querer ter uma conversa que lhe permita falar livremente sobre um tema difícil que tem estado em seu coração. Ou, se for casado, você pode querer ser capaz de falar com o seu cônjuge sobre disciplinar os seus filhos sem ter uma discussão acalorada. Ou talvez você simplesmente queira desfrutar uma conversa prazerosa com seu cônjuge, juntos no jantar, três dias por semana. Você entende.

Deliberadamente reduzimos este livro de modo gradual até um tamanho manejável. Não estamos interessados em sobrecarregá-lo com informações, e não queremos que você fique atolado ou se canse pelo caminho. Então estamos sendo diretos: uma vez que você e o seu cônjuge descubram o segredo da Conversa de Amor, cremos que suas conversas nunca mais serão as mesmas.

capítulo dois

A Força Relacional Vital

Por que a Comunicação É Vital para a sua Vida Amorosa

Ouvir bem de perto e responder apropriadamente é a maior maturidade que podemos atingir na arte da conversação.

François de La Rochefoucauld

— Está batendo sol nos olhos do Jackson?

— Não, acho que ele só está um pouco inquieto — respondi enquanto dava uma olhada pelo espelho retrovisor. — O que vamos ter para jantar hoje?

— Jantar! O seu filho está em prantos, e você está pensando em comida?

Leslie não tinha que fazer esta pergunta retórica. Recebi a mensagem alta e clara tão logo ela tirou o cinto de segurança e foi para o banco de trás do carro para proteger o nosso segundo filho do mais tênue raio de luz que surgisse enquanto virávamos uma esquina.

— Você está bem? — eu perguntei.

Leslie simplesmente revirou os olhos.

— Se você queria que eu ajustasse a viseira dele, por que simplesmente não me pediu?

— Eu pedi.

— Não. — eu disse com a confiança de um advogado renomado.

— Você me perguntou se a luz do sol estava incomodando o Jack.

— Exatamente. Pedi que você se virasse para trás e se certificasse de que o sol não o incomodasse, puxando a viseira. Evidentemente eu tenho que explicar tudo!

— Não é uma má idéia — resmunguei baixinho.

— O quê? — Leslie perguntou.

Sem resposta. Apenas mantive os meus olhos na estrada, como se de repente dirigir exigisse a minha inteira atenção.

— Você disse alguma coisa? — ela perguntou novamente.

— Não. Não foi nada.

Naquele momento, o nosso bebê tinha parado de chorar (suponho que isto tivesse alguma coisa a ver com a viseira no seu banco do carro), e Leslie e eu ficamos calados.

Alguns minutos se passaram quando Leslie expressou uma única palavra: "Lanches".

Eu hesitei. Então vi o olhar dela pelo espelho retrovisor.

— Boa idéia — eu disse com um sorriso.

Esta conversa entre nós ocorreu na tarde de ontem em um passeio de carro descontraído até um parque perto de nossa casa. Não estávamos sob qualquer estresse. Não havia congestionamento no trânsito. Apenas uma saidinha alegre com as crianças, ou assim pensávamos. Mas por que o soluço em nossa comunicação? Como uma pequena troca de palavras pôde ser deturpada tão rapidamente?

A verdade é que podemos fazer algo melhor para não deixar que a nossa conversa se torne um emaranhado de comunicações cruzadas. Afinal, somos casados há duas décadas. Aconselhamos outros casais. Damos seminários nacionais sobre casamento. Confie em mim, nós temos as ferramentas. Conhecemos as técnicas.

Então como pudemos deixar que uma conversa aparentemente simples se deteriorasse? Claro, contornamos o problema rapidamente e seguimos adiante — pelo menos nesta ocasião. As necessidades de Jackson foram atendidas, e estávamos fazendo um lanche no jantar. Caso encerrado. O problema de comunicação foi uma pequena mancha no quadro geral do nosso dia. Ele foi rapidamente arquivado como uma falha menor, para nunca mais ser mencionado outra vez. Ou pelo menos deveria ser assim.

Estudos têm mostrado que esses deslizes aparentemente insignificantes na comunicação têm um efeito mais importante do que você poderia imaginar. Cada mensagem que se deteriora, não importa quão pequena seja, inscreve uma pequena anotação sobre o nosso relacionamento: "Meu cônjuge não me entende". Ela pode não ser consciente ou expressa, mas é sentida. E quando um casal sofre alguns destes colapsos ao longo do tempo, o isolamento e a solidão tendem a se instalar.

Inversamente, quando você e o seu cônjuge estão se comunicando bem, quando vocês estão em grande atividade juntos e em sintonia, há uma inscrição indelével sobre o seu relacionamento que não tem preço: "Sou conhecido e compreendido". Este livro trata deste sentimento de estar na mesma página, de falar a língua do outro — fluentemente.

Mais que qualquer outra medida, os casais avaliam a profundidade de sua ligação pela satisfação das suas conversas. E é desta maneira mesmo. Ela é um excelente barômetro da nossa ligação. Mas alguns casais rotineiramente subestimam a importância da conversa. "A nossa comunicação é boa", uma esposa pode dizer. "O problema é que ele é muito ligado à mãe". Tudo bem. Talvez este seja um fator. E tratar as dinâmicas relacionais tem o seu lugar, mas confie em nós quando dizemos que explorar a maneira como conversamos um com o outro é mais prudente para encontrar soluções do que qualquer análise no divã. Algumas pessoas simplesmente não conseguem acreditar que uma coisa tão simples quanto entender os nossos estilos de conversa (um assunto que trataremos na Parte Dois) pode transformar um relacionamento. Mas pode. Estudo após estudo indica que melhorar a sua comunicação aumenta a qualidade do seu relacionamento mais do que qualquer outra coisa que você faça.

Sejamos Realistas

— Não agüento quando você me olha deste jeito, — eu disse a Les enquanto vasculhava a minha bolsa à procura de um pedaço de papel com algumas instruções do trajeto.

— Olho de que jeito? — Les perguntou com uma mão no volante e a outra manuseando o telefone celular.

— Você sabe exatamente de que jeito — o tipo que diz: "Você é estúpida" — retruquei.

— Eu não disse nada — Les respondeu.

— Exatamente — eu disse. — O seu rosto disse por você.

— Só achei que você poderia saber onde deveríamos ir, já que você disse que iria obter as instruções.

— Sim, mas você é muito condescendente quando me olha desse jeito.

— Eu poderia dizer o mesmo sobre você, mas — a frase de Les foi abandonada no momento em que nós dois vimos uma placa excepcionalmente grande há poucos metros do nosso carro: "Tornando-se cúmplices com os Especialistas em Relacionamento, Drs. Les e Leslie Parrott".

Era sábado de manhã em Portland, Oregon, onde centenas de casais tinham se reunido e pago uma boa quantidade de dinheiro para ouvir o que "os especialistas" tinham a dizer sobre amor e relacionamentos.

"Apenas continue dirigindo", eu disse a Les. E ele continuou. Demos a volta naquele quarteirão pelo menos umas quatro vezes antes que pudéssemos fazer o nosso papel naquela reunião — e eu realmente desempenhei o papel (pelo menos no início).

Somos os primeiros a admitir que a nossa comunicação como um casal não é perfeita. Longe disso. Aquele dia, em Portland, aconteceu oito anos atrás, mas ainda podemos ser tão vulneráveis quanto qualquer outro casal para falsificar observações e problemas de comunicação. Felizmente, porém, estes momentos já não são mais tão freqüentes quanto costumavam ser.

> *Uma vez que se permite*
> *que uma palavra escape,*
> *não se pode fazê-la voltar.*
> Horácio

Obviamente, não podemos prometer mantê-lo longe da conversa vazia que acontece de vez em quando, mas neste livro pretendemos lhe mostrar exatamente como você pode cultivar um diálogo positivo que supera o negativo. Pretendemos partilhar com você o segredo da comunicação que nós chamamos de Conversa de Amor — e isto é algo que você não encontrará em nenhum outro livro. Temos desenvolvido esta abordagem por muitos anos, e ela tem revolucionado o nosso relacionamento e o de centenas de casais que ensinamos ao longo do caminho.

Aqui no início, também queremos salientar como a comunicação de qualidade é vital para o seu relacionamento, e lhe mostrar como a má comunicação pode arruinar um bom relacionamento. Concluiremos este breve capítulo com uma explicação do porquê tantas técnicas de conversa podem ser deficientes. Em outras palavras, se você já tentou praticar um método ou procedimento de comunicação que não funcionou, nós lhe mostraremos por que isso aconteceu.

Pronto para Falar e Nada para Dizer

É noite de encontro. Depois de uma semana fazendo malabarismo com os compromissos na agenda, lutando no trânsito, pagando as contas e tudo mais, vocês dois saem para uma refeição juntos, apenas vocês dois. Ou talvez vocês estejam a caminho de desfrutar uma conversa durante um café da manhã. Seja qual for o plano, vocês dois finalmente se sentam para conversar. É a sua chance de estabelecer relações, bater papo, discutir e colocar os assuntos em dia.

— Então, como foi o seu dia? — você pergunta ao seu marido.

— Bem, foi ótimo.

— O que aconteceu?

— A mesma coisa de sempre. Nada novo.

— Não é ótimo finalmente termos um tempo para nós mesmos? — você diz, destemida pelo falso início do que certamente será uma conversa franca e significativa.

— Sim — ele diz enquanto olha em torno do restaurante.

— Você parece distraído.

— Não. De jeito nenhum. Só estava imaginando se o jogo já acabou e quem ganhou.

— Tudo bem — você diz devagar, levantando o tom de sua voz enquanto solta as palavras.

Ele capta a mensagem e tenta consertar.

— Realmente não importa quem ganhou o jogo. Vamos conversar.

É quando vocês se olham de forma confusa e imaginam o que têm para conversar. Há um excesso de palavras preparadas e prontas para uma grande troca em alguma parte dentro de suas cordas vocais, porém nenhuma delas sai de seus lábios. Então você dá um gole no seu café e espreme o seu cérebro para começar uma conversa significativa.

Se você já não sabe, vamos colocar na mesa: O problema número um que os casais relatam é um "colapso na comunicação". E com boa razão, o fato de o relacionamento afundar ou flutuar depende do quanto os casais enviam e recebem mensagens, de quanto eles usam as suas conversas para entender e serem entendidos. Pense nisso. Se você está se sentindo especialmente próximo de seu cônjuge, é porque vocês estão se comunicando bem. A sua vida amorosa está repleta. Vocês estão em sintonia. E quando a sua comunicação não produz efeito, quando você se sente preso e está falando em círculos, a satisfação relacional despenca. A comunicação, mais do que qualquer outro aspecto do seu relacionamento, pode tanto levantar a intimidade relacional como se tornar o próprio peso de sua extinção.

Como a Má Comunicação Pode Arruinar um Bom Relacionamento

Temos visto, repetidamente, linhas de comunicação defeituosas puxarem para baixo um relacionamento que por outro lado estaria fortalecido: os casais lutam para transmitir o que querem ou precisam no relacionamento, nunca percebendo que estão falando uma língua que o outro não compreende. Desapontados, os casais erguem defesas um contra o outro, tornando-se cautelosos. Eles param de confiar um no outro e se retiram emocionalmente do relacionamento. Eles não conseguem conversar sem culpar, e então param de ouvir.

É difícil exagerar quando se fala da importância da comunicação em qualquer relacionamento, mas especialmente no casamento. Quase todos os casais (97%) que avaliam a sua comunicação com seus companheiros como excelente são felizes no casamento, comparados com apenas 56% daqueles que avaliam a sua comunicação como pobre. A pesquisa concluiu: "Em uma era de casamentos crescentemente frágeis, a habilidade de um casal de se comunicar é a parte que mais contribui para um casamento estável e satisfatório".[1]

Os relacionamentos amorosos se mantêm lingüisticamente: quando conversamos com o nosso cônjuge, buscamos sinais de amor, mas nos tornamos sensíveis aos sinais de desaprovação. Afinal, o nosso relacionamento é o pregador no qual penduramos o nosso senso de quem somos. Em outras palavras, a nossa própria identidade está em jogo quando não estamos nos sentindo compreendidos e amados pelo nosso cônjuge. Este é o ponto crucial de como a má comunicação arruína um bom relacionamento. Pequenas conversas, empilhadas umas sobre as outras podem facilmente fazer com que a balança penda para o sentimento de não ser compreendido — em especial quando nos tornamos sensíveis a qualquer sinal de desaprovação.

Talvez o exemplo mais doloroso desta dinâmica seja encontrado em uma mensagem que combina cuidado com crítica.

— Você precisa mesmo de outra taça de sorvete? — Olívia pergunta a Michael enquanto ele mexe dentro do freezer.

— Pode apostar que sim — ele responde (como que dizendo, "Se eu não tinha certeza antes, posso dizer que tenho certeza agora").

— Por que você sempre fica observando o que eu como?

— Porque eu amo você — ela diz com sinceridade — Só estou cuidando de você.

O caráter de um homem é conhecido por suas conversas.
Menander

É uma simples pergunta sobre sorvete, certo? Não exatamente. Embora a intenção dela seja ajudá-lo em sua dieta, ele interpreta isto como uma crítica por comer demais — e acaba se sentindo julgado, distante, e mal compreendido.

Ou considere como a mesma coisa acontece quando os papéis são invertidos por este casal:

"Já está na hora de lavar as toalhas do banheiro"— Michael observa.

Independentemente de qual seja a intenção, o que Olívia ouve é: "Você não está fazendo um bom trabalho para manter esta casa limpa".

A impressão de desaprovação não vem da mensagem, das palavras faladas, mas da sensibilidade de Olívia à desaprovação. Assim, a observação aparentemente simples faz com que ela sinta que não tem obtido a aprovação que esperava ter, por parte da pessoa cuja aprovação tem o significado mais importante para ela.

Então vamos repetir: os relacionamentos amorosos são mantidos lingüisticamente. Mas uma mera troca de informação — não importa quão bem ela seja comunicada — não é suficiente para manter um relacionamento amoroso vivo.

Manter-se Informado É Diferente de Manter-se em Contato

Na metade do século XIX, Ralph Waldo Emerson registrou uma queixa lírica contra a força opressiva dos bens materiais: "Teia para tecer, milho para moer; as coisas estão sentadas na cela, e cavalgam sobre a humanidade". Vamos falar sobre o seu poeta sensível! Se Emerson achou que uma modesta máquina, como um moedor de milho, era algo desumano, como será que ele iria lidar com as bugigangas modernas dos nossos dias? Hoje estamos amarrados a computadores e telefones celulares! Podemos telefonar de aviões e ter reuniões em tempo real envolvendo membros em várias cidades sem que ninguém saia de casa. Os avanços na comunicação tecnológica não são nada menos que impressionantes. Contudo, todas essas ferramentas não têm feito nada para assegurar uma comunicação melhor entre as pessoas; que dirá entre casais.

Enquanto eu (Les) digito estas palavras em meu computador, uma pequena bandeira eletrônica perto da parte inferior da minha tela me diz que Leslie está em seu computador em um outro cômodo da casa. Como o seu *laptop* está conectado à rede sem fio, ela poderia estar até no jardim. Ela me enviou uma mensagem, e eu a lerei assim que puder. Se eu estiver em uma reunião e quiser enviar a ela uma mensagem discreta, posso teclar em meu telefone celular e pressionar "enter", e ela a verá imediatamente. Mais do que nunca, é fácil manter-se informado. Mas manter-se informado não é a mesma coisa que comunicar-se; pelo menos não para duas pessoas íntimas. A comunicação para os casais ainda requer um conjunto de habilidades que nenhuma tecnologia jamais poderá substituir. Vamos repetir: a boa comunicação requer habilidades fundamentais, facilmente aprendidas (veja mais sobre este assunto no próximo capítulo). Elas são essenciais para que você aprenda como falar de forma que o seu cônjuge queira ouvir, e como ouvir de forma que ele deseje falar. Mas as habilidades não são suficientes.

Supomos que você saiba exatamente o que queremos dizer. Visto que você reconhece o valor inerente da boa comunicação (você não estaria lendo este livro se não o reconhecesse), você provavelmente já leu outros livros sobre o assunto ou participou de seminários que lhe apresentaram técnicas para lhe ajudar a melhorar. Mas se você for como nós e outros casais que já aconselhamos, pode ter sentido que as técnicas nem sempre cumprem o que prometem. Talvez você tenha se sentido um pouco robótico ou falso quando estava tentando seguir o próprio procedimento. Se você já sentiu isso, precisamos conversar.

Por que as Técnicas de Conversa Podem Ser Deficientes

Estávamos sentados no aeroporto esperando o nosso vôo quando uma mulher se aproximou de nós. "Vocês são Les e Leslie, certo?" Ela deu continuidade à conversa dizendo que ela e seu marido tinham nos ouvido em uma palestra em Houston, há alguns meses. Ela disse algumas palavras gentis sobre a experiência e então confessou: "Temos feito os exercícios de comunicação que vocês demonstraram, mas eles não funcionam".

Sua declaração era sincera. Não acusatória. Ela estava simplesmente confusa porque estava praticando o que aprendera, e não estava vendo resultados. Ela nos mostrou como "refletia de volta" os sentimentos de seu companheiro, como explicava o contentamento dele e os exprimia de outra forma. Depois de alguns minutos, porém, ficou claro para nós o que estava acontecendo: Ela estava tão preocupada em *fazer* comunicação, que estava negligenciando a atitude de *ser* uma boa comunicadora. Em outras palavras, ela estava fazendo as coisas certas pelos motivos errados. Ela não era autêntica. Ela estava mais preocupada em praticar um método do que em entender o seu companheiro. E ele percebeu isso. O seu cônjuge também perceberia.

Todos nós temos um detector embutido, um radar que identifica a falsidade, os sentimentos fabricados e as intenções que não são sinceras, muito antes de elas serem expressas abertamente. O seu cônjuge não confiará em você se sentir que você não está sendo autêntico. Sem a autenticidade, pouca coisa mais no casamento importa — especialmente quando se trata de comunicação.

Como a autenticidade é expressa? Não em palavras. Aquilo que você diz ao seu cônjuge é muito menos importante do que a maneira como você o diz — com um sorriso, um dar de ombros, uma testa franzida, ou um olhar feroz. Considere isso: a comunicação não verbal é responsável por 58% da mensagem total. O tom de voz perfaz 35% da mensagem. As palavras que você diz são responsáveis por apenas 7% do total da mensagem.[2]

Considere dois cenários envolvendo exatamente a mesma frase de um marido: "Espero que, de fato, possamos chegar ao restaurante na hora certa".

Na primeira cena o marido suspira profundamente, revira os olhos, então diz esta frase devagar, apoiando-se no batente da porta do quarto com os braços cruzados, enquanto a esposa segura dois brincos diferentes em suas orelhas em frente ao espelho.

Na segunda cena, o marido diz esta mesma frase enquanto a sua esposa faz exatamente a mesma coisa. Mas ele tem empolgação em sua voz ao se colocar de pé atrás dela, apertando gentilmente os seus ombros com as mãos, sorrindo para ela no espelho.

As mesmas palavras, então, têm o mesmo significado, certo? Dificilmente. As palavras são apenas uma fração da mensagem.

A autenticidade é expressa em seu tom e no comportamento não-verbal; através de seus olhos e de sua atitude. Pesquisas têm descoberto que homens e mulheres são intérpretes precisos da comunicação não-verbal de seu cônjuge. Um conhecido pode não notar uma mudança sutil em sua expressão facial, mas o seu cônjuge a perceberá imediatamente.

Você pode usar todas as técnicas de comunicação do mundo, mas se não for autêntico, elas não funcionarão. A autenticidade é algo que você é, não algo que você faz. Ela vem do coração, não das mãos.

Como um psicólogo (Les), e uma terapeuta em casamento e família (Leslie), podemos dizer-lhe que quase todos os problemas de comunicação entre um casal podem ser identificados como uma falta de autenticidade. A autenticidade é o alicerce da boa comunicação.

Talvez você não queira ouvir isto. Talvez você queira simplesmente uma nova estratégia verbal, mais técnicas e ferramentas. Chegaremos a isso. Mas temos que fazê-lo de forma muito clara: o que você é importa mais do que o que você faz, quando se trata de comunicação. Você pode praticar grandes técnicas de comunicação e ainda soar como nada mais que um "sino que tine". Esta é a forma como Paulo se expressa em seu famoso poema de amor em uma de suas cartas aos Coríntios.[3]

Como um exercício para interiorizar este tão conhecido trecho das Escrituras, certa vez escrevemos uma interpretação pessoal dele com uma nova peculiaridade. Em parte dizia: "Se vou a seminários sobre casamento e leio livros sobre casamento para aprender novas estratégias verbais, mas não sou autêntico, não passo de um gravador irritante que toca diversas vezes as mensagens do meu cônjuge".

Você entende. O restante deste livro está fundamentado sobre a idéia de que você *genuinamente* deseja entender seu cônjuge. Se você não quiser, não encontrará um livro no planeta que possa ajudá-lo a se comunicar melhor. Mas se estiver realmente decidido a levar a sua comunicação a um nível totalmente novo, você pode se considerar pronto para a Conversa de Amor.

capítulo três

A Comunicação 101

Recordando o Básico

A boa comunicação é tão estimulante quanto café preto.
Anne Morrow Lindbergh

Recentemente lemos a história de um colunista do jornal *Seatle Times,* Mark Trahant, e a cerimônia tradicional do seu casamento com uma mulher navajo [uma tribo indígena dos EUA]. Como era de costume, casais da tribo se reuniram em sua cabana para oferecer conselhos aos recém-casados. Um homem limpou a sua garganta como que para falar, mas naquele exato momento a sua esposa lhe tocou as costas com o cotovelo. Então ele permaneceu calado. Mais tarde ele novamente limpou a sua garganta, mas outra vez sentiu a intervenção de sua esposa. Isso aconteceu uma terceira vez.

Quando os convidados saíram, a esposa perguntou ao seu marido:

— Por que você não disse nada?

— Eu ia, mas cada vez que estava prestes a falar, eu achava que você não queria que eu falasse.

— Eu cutuquei você três vezes para fazer você falar — ela protestou — O que você teria dito?

— Eu teria falado da importância da comunicação no casamento.

Às vezes, um casal precisa retornar ao básico. Os fundamentos. Afinal, a comunicação é muito freqüentemente dada como certa. Os pesquisadores estimam que passamos 75% das nossas horas acordadas nos comunicando com os outros — falando, ouvindo, lendo ou escrevendo. Deste tempo, 33% é dedicado a falar e 42 % a ouvir. Nós nos comunicamos mais do que quase qualquer outra atividade humana que desempenhamos. E, contudo, raramente temos as habilidades que precisamos para maximizar a sua eficácia. Por esta razão, dedicamos este capítulo a fim de oferecer a você as ferramentas básicas para as boas conversas.

Agora se você já tem conceitos sobre o básico de uma boa conversa, sinta-se à vontade para mover-se rapidamente por este capítulo ou pulá-lo totalmente. Sem culpa. Simplesmente vá para o próximo capítulo. Mas se, como muitos de nós, você quiser recordar rapidamente os fundamentos, continue lendo.

Nós realmente *Precisamos* nos Comunicar

Nada destrói tanto quanto o isolamento. Os militares confinados a celas solitárias no infame Hanoi Hilton entenderam isso como poucos. "A comunicação nos sustentou", diz o ex-piloto da Força Aérea, Ron Bliss. "Soava como uma toca de pica-paus descontrolados", ele disse sobre o código que eles desenvolveram para enviar mensagens. Os norte-vietnamitas nunca dominaram o código, que dispunha em ordem o alfabeto em uma simples grade de 5 por 5 (omitindo o K, para o qual o C era usado).

A	B	C	D	E
F	G	H	I	J
L	M	N	O	P
Q	R	S	T	U
V	W	X	Y	Z

Os soldados batiam primeiro a linha, então a letra naquela linha. Portanto, a letra *B* seria *tóc... tóc tóc*. O código funcionava tão fluentemente que os homens contavam piadas uns aos outros; chutes na parede significavam uma risada. Todo domingo, em um sinal codificado, os homens se posicionavam e recitavam a Oração do Pai Nosso e o seu Compromisso de Fidelidade. Sua comunicação literalmente os manteve vivos.

E é exatamente isso que a boa comunicação faz por um relacionamento. Ela o mantém vivo. Ela sustém uma ligação entre os casais. Um casal literalmente *precisa* conversar — um relacionamento significativo depende disso. Não podemos dizer quantos casais já vieram e vêm até o nosso escritório de aconselhamento a ponto de um rompimento porque "simplesmente não conseguem se comunicar". Suas palavras se secaram. Naturalmente, o que eles de fato querem dizer é que não sabem como se comunicar de uma forma que seja significativa e saudável. Duas pessoas, mesmo em um impasse aparente e duradouro, sempre podem aprender a conversar uma com a outra e romper a sua barreira. E freqüentemente o avanço se dá ao revisar os fundamentos da comunicação.

> *Quando penso em conversar, naturalmente é com uma mulher. Para que a conversa atinja o seu auge, tornando-se inspiradora, é necessário uma qualidade divina de recepção correspondente. E onde você encontrará isso exceto em uma mulher?*
>
> Oliver Wendell Holmes

É claro que alguns casais têm uma situação mais específica — um deles (tipicamente o homem) pode ser o que chamamos de "parceiro silencioso". Esta é a pessoa que geralmente tende a não falar muito, de forma que dedicamos um capítulo especial no apêndice deste livro para nos dirigirmos a este cenário. Se você já sabe que o seu relacionamento poderia ganhar um impulso a partir da ajuda nesta área, você pode ler este apêndice após completar este capítulo.

Mas para a maioria dos casais, é necessário estudar os aspectos básicos da comunicação. Então, vamos começar bem do início, concentrando a nossa atenção no que a comunicação fundamentalmente exige. E o primeiro ponto da lista? O seu tempo.

Reservando Tempo para Conversar

Em 1997, o Washington Capitals era um dos times de hóquei no gelo mais populares, abrindo caminho até as finais da Copa Stanley.

Porém, no outono de 1999, eles tinham escorregado para a beira do desastre com uma das piores atuações na Liga Nacional de Hóquei. O treinador Ron Wilson decidiu que medidas drásticas eram necessárias, e mudou a sua estratégia rapidamente. No entanto, ocorreram muitas contusões, e as perdas se acumularam. O time não conseguia entender o que estava errado.

Pouco antes do Natal, o time embarcou em um vôo de sete horas, tarde da noite, para casa, saindo de Vancouver, e fizeram o que tipicamente fazem em um vôo desta duração: decidiram assistir a um filme para passar o tempo. Para relaxar. Para superar as feridas. Foi quando o inesperado aconteceu. O vídeo-cassete congelou — não teria nenhum filme durante o vôo.

Enquanto o avião voava pelo céu da noite, os jogadores começaram, um a um, a conversar uns com os outros. Eles falavam de estratégias. Obstáculos. Jogos-chave. Por meio da necessidade, eles redescobriram a velha arte da conversação. No momento em que o avião pousou, os Capitals haviam planejado seu jogo e sabiam o que precisava ser feito.

Nas semanas que se seguiram, ninguém conseguia pará-los, continuando em uma temporada vencedora de onze jogos. O goleiro do time, Olaf Kolzig, refletiu: "Talvez o destino não tenha deixado o vídeo-cassete funcionar. Isso nos deu a chance de caminhar pelo avião e conversar. Foi uma boa maneira de clarear as idéias".

Tempo e diálogo é sempre uma combinação vencedora. A maioria de nós possui um reostato automático de avanço de velocidade, e todo ano a esteira gira mais rápido. Maridos e esposas, por exemplo, têm se tornado companhias ofegantes, correndo para colocar em dia os seus compromissos (bem como os de seus filhos). Até mesmo as nossas frases são temperadas com palavras como *falta de tempo, fast food, hora do rush, viajante freqüente, via expressa e trânsito rápido*. Usamos telefones celulares,

Difícil não é somente dizer a coisa certa no lugar certo; o mais difícil é deixar de dizer a coisa errada no momento tentador.

George Sala

investimos em instituições financeiras, reservamos horário em restaurantes, fazemos dieta. Puxa! Estamos todos com pressa e qualquer coisa que nos retarde torna-se o equivalente a um bloqueio de estrada — incluindo os nossos relacionamentos mais importantes.

É por isso que somos levados a declarar o óbvio: a boa comunicação requer tempo e conversa. Uma boa conversa simplesmente não acontece enquanto se viaja a uma velocidade vertiginosa. Então cure a sua doença da pressa, respire fundo, e obedeça ao limite de velocidade da conexão humana. Se você deseja melhorar a sua comunicação, então deve eliminar impiedosamente a pressa de suas conversas. Você pode fazer isso da maneira antiga: sentando-se quieto sem múltiplas tarefas, demorando-se na conversa durante o jantar, aproveitando uma casa tranqüila quando as crianças estão na cama antes de você dormir, desligando o rádio quando está dirigindo o carro, ou desligando a TV quando ela é simplesmente um ruído de fundo — então você pode conversar.

Algo que também ajuda a antecipar o seu momento de conversa — (como durante uma refeição em um restaurante) considerando assuntos que você gostaria de abordar — é saber que ambos estarão em um espaço relaxado e calmo. Você também pode querer identificar onde e quando as suas melhores conversas acontecem. É durante uma xícara de café pela manhã? Durante um lanche, em um sábado "preguiçoso"? No carro, quando vocês têm um trajeto relativamente longo? Estes são momentos que você deve proteger e priorizar.

Você entende a idéia. Ah, mais uma maneira prática de você eliminar a pressa de suas conversas? Tire esta frase do seu léxico pessoal: "Vá direto ao ponto". Isto é difícil para muitos de nós, mas faça o possível para deixá-la de lado.

Os Três Níveis da Comunicação do Casal

A comunicação entre os casais pode ser dividida em três níveis de acordo com os autores Robert e Rosemary Barnes. O objetivo, porém, é transformar o nível três em uma base regular. Vamos dar uma olhada rápida em cada um deles.

O Nível de Resmungo

Este é o nível mais raso de comunicação, envolvendo os comentários obrigatórios que fazem pouco mais que tornar a sua presença conhecida. Alguns casais caem neste padrão ao chegar em casa vindo do trabalho. Eles dizem as coisas exigidas, mas nunca ouvem realmente um ao outro. O requisitado "Como vai você?" é seguido do previsível "Bem". É só. Os casais neste nível não esperam passar disso. E está bom, por algum tempo. Na verdade, o nível do resmungo pode proporcionar um grau de conforto — não tendo que dizer muito, simplesmente desfrutando da presença um do outro. Mas, infelizmente, se isso continuar por muito tempo, o casal começará a se afastar e acabará nem mesmo se conhecendo mais.

O Nível de Jornalista

Aqui um casal fala sobre fatos e opiniões. Eles podem falar sobre política, pessoas, igreja, filmes ou esportes. "Eu realmente gostei daquela pregação hoje, e você notou a temperatura naquele prédio?" Eles expressam as suas opiniões, exploram os fatos, mas param por aí. Este tipo de comunicação tem o seu lugar, mas falta intimidade ou uma ligação real. Só relatar e discutir nem sempre faz com que haja uma proximidade.

O Nível dos Sentimentos

Um casal atinge este nível quando cada um se sente seguro o suficiente para compartilhar áreas de fraqueza ou sentimentos que podem colocar um ou o outro em uma situação difícil. Em outras palavras, eles baixam a guarda.

Eles revelam os seus corações e dizem o que pensam, sabendo que serão entendidos e aceitos. Neste nível, os casais pedem um ao outro informação e ajuda. Eles compartilham as suas inseguranças e os seus sonhos. Eles se sentem conhecidos e ligados, dentro de seus sentimentos. Este é o resultado da Conversa de Amor. E embora nem sempre possamos esperar nos comunicarmos neste nível, podemos geralmente desfrutar da segurança deste com mais freqüência do que pensamos.

Habilidades Presentes

> *A vossa palavra seja sempre agradável.*
> Colossenses 4.6

Se um casal estiver sempre no nível de comunicação dos sentimentos e se demorar ali, a razão será que eles têm um domínio sobre a *presença*. Esta é a palavra que os especialistas em comunicação usam para descrever a atenção física e psicológica que você dá ao seu cônjuge durante uma conversa.

A presença física eficaz ocorre quando o seu envolvimento com o seu cônjuge é visivelmente aparente. O que se segue são vários componentes da boa presença:

Olhos: O contato visual é a chave para se manter conectado. Isso não significa olhar fixamente. É um olhar natural durante toda a conversa.

Postura: Geralmente, quando está ouvindo, você deve se inclinar ligeiramente sobre o seu parceiro, desde que você esteja relaxado. A sua postura deve sempre permanecer aberta e receptiva (sem cruzar os seus braços).

Gestos: Se você estiver inquieto, batendo com os dedos na mesa, ou espiando o seu relógio, você estará transmitindo uma mensagem, quer intencionalmente quer não, de estar desinteressado. Lembre-se de evitar gestos que possam ser perturbadores.

Ambiente: Um espaço que promove uma boa conversa proporciona proximidade um ao outro, um grau de intimidade e um humor agradável. Em outras palavras, o melhor ambiente não é em frente à televisão. Desculpe.

A mensagem subjacente ao seu parceiro quando você está bem presente é que o que ele ou ela diz importa. Uma vez que você conseguiu isso, a próxima tarefa é ter a certeza de que você entende com precisão as palavras que está ouvindo.

Habilidades Esclarecedoras

Dedique alguns instantes para decifrar a seguinte frase:

Love
Isnowhere

No idioma inglês, esta frase pode ser lida de duas maneiras: "love is nowhere" (que significa "o amor não está presente") ou "love is now here" (que significa "o amor está aqui, e agora").

Quando desentendimentos absurdos aconteciam entre Abbott e Costello, a famosa dupla de comediantes, toda a nação ria. Mas em um relacionamento romântico, ser mal-entendido não é um assunto engraçado. O mal-entendido não resulta de não se ouvir as palavras, mas de não se esclarecer o significado delas. As quinhentas palavras mais comumente usadas na língua inglesa carregam mais de mil e quatrocentos significados diferentes — uma média de aproximadamente três significados para cada palavra!

Considere este exemplo: Sherry entra na sala de estar, e diz ao seu marido, Keith: "Eu me sinto um fracasso quando este lugar não está arrumado, e sei que a sua mãe vai chegar amanhã".

Bem direto, certo? O que deve ser esclarecido? Bem, o que ela está dizendo exatamente? Pode ser que não seja o que você está pensando. Considere estes esclarecimentos:

Keith: Parece que você acha que a casa está uma bagunça.
Sherry: Oh, não. Ela sempre vai estar assim até os meninos crescerem.

ou

Keith: Você parece um pouco deprimida; você está bem?
Sherry: Não estou deprimida. Acho que estou aborrecida principalmente porque o meu chefe não me daria o dia de amanhã de folga.

ou

Keith: A visita da minha mãe está te deixando estressada?

Sherry: Na verdade, estou animada porque ela estará aqui. Eu só queria ter energia para passar o aspirador de pó hoje à noite.

Vê como isso funciona? Uma simples indagação para ter a certeza de que você entendeu a mensagem ajuda muito. O esclarecimento evita que você tire conclusões precipitadas. Ela assegura que você mantenha o curso do pensamento, lidando com precisão com a mensagem pretendida.

Neste exemplo, Keith poderia facilmente ter tirado várias conclusões precipitadas, pensando que sabia de modo preciso o que a sua parceira estava dizendo: *Ela quer que eu limpe esta sala,* ou *ela queria que a minha mãe não viesse,* ou *ela está se sentindo deprimida.* E em cada conclusão ele estaria errado. É por isso que esta habilidade fundamental é tão essencial.

A propósito, desde que você esteja mesmo interessado em entender o que o seu cônjuge está dizendo, você pode estar completamente errado em seu esclarecimento, e ainda assim tudo poderá funcionar bem. Note que em todas as três tentativas de esclarecimento, mencionadas acima, Keith não estava — em nenhuma vez — indo diretamente no alvo. Isso não importa. O que importa é que Sherry teve a oportunidade de esclarecer a sua declaração.

Evitando o Conselho

Carl Jung disse que o conselho raramente magoa a qualquer um de nós, porque raramente o levamos a sério. A segunda parte desta declaração pode ser verdade, mas inúmeros casais podem atestar a falsidade da primeira parte. O conselho pode causar um grande dano à conversa conjugal.

Dar conselhos ao seu cônjuge é como alho — um pouco de alho é algo que pode ser sentido por muito tempo. Quando fazemos sugestões ao outro antes de termos verdadeiramente ganho o direito de fazer isso (isto é, quando eles pedem conselhos), podemos acreditar que estamos sendo úteis, mas não estamos.

Dar conselhos pode na verdade fazer o seu cônjuge se sentir pior, porque ele não pode ou não está pronto para aplicá-lo. Isso pode instilar terríveis angústias e culpas. Os conselhos bíblicos que os amigos de Jó lhe deram em seu período de aflição, por exemplo, só serviram para tornar o pobre Jó mais infeliz.[1]

Um conselho que provoca violência é custoso. Uma vez que seu cônjuge ouve as suas "palavras de sabedoria", ele pode lhe deixar frustrado e dizer: "Não quero falar mais nisso!" ou "Você simplesmente não entende". Um conselho mal recebido obstrui o fluxo de sentimentos autênticos e, por fim, dá um fim a qualquer conversa significativa.

Nunca perca uma boa chance de ficar calado.

Will Rodgers

Como Inventar uma "Colinha"

Bem, aqui está. Alguns dos fundamentos mais importantes da comunicação significativa. Antes de continuar, porém, queremos lhe dar mais um fundamento. Queremos lhe dar um modo rápido de reunir todas estas habilidades e colocá-las em prática.

Há algum tempo atrás, em um vôo de Denver para Seattle, eu e Les nos encontramos em meio a um completo desastre de comunicação enquanto estávamos tentando falar sobre lavar roupas. Você consegue acreditar nisso? Estávamos voando a 11.000 metros acima do planeta e éramos incapazes de ter uma conversa coerente sobre colocar a nossa lavanderia sob controle. Isso começou quando estávamos folheando uma revista e vimos um conjunto de lavadora e secadora retratado em uma lavanderia impecável.

"Por que a nossa lavanderia não pode ser igual a esta?", Les perguntou.

Enquanto as palavras saíam dos lábios de Les, senti meu corpo enrijecer. Não era a primeira vez que tratávamos deste assunto. Durante todo o nosso casamento discutimos sobre a tarefa de lavar roupas. Mas, recentemente, a responsabilidade era minha, e com dois meninos pequenos isso estava se tornando, acima de tudo, um desafio.

"Se você quiser lavar roupa agora, fique a vontade", eu disse em um tom mal-humorado enquanto colocava a revista no bolso do assento à minha frente.

Com isto, estávamos tendo um bom começo. Se você estivesse ouvindo às escondidas no banco atrás de nós, jamais teria imaginado que estávamos indo para casa depois de ter dado uma palestra sobre casamento a centenas de casais. Nós admitimos, não estávamos nem perto de praticar aquilo que ensinamos. Então, por fim, recorremos a uma estratégia que desenvolvemos exatamente para ocasiões como esta (passamos por isso mais de uma vez!)

Quando ficamos presos em um distúrbio de comunicação, tiramos a nossa "colinha". É um pequeno cartão que nos lembra das habilidades mais importantes de comunicação que conhecemos. Isso nos leva de volta aos fundamentos, e contém apenas uma frase: "Procure entender antes de ser entendido".

É isso. Este simples pensamento, popularizado por Stephen Covey em seu livro *The Seven Habits of Highly Effective People* (Os Sete Hábitos das Pessoas Altamente Eficazes), muda por completo o nosso modo de pensar e nos coloca, inevitavelmente, de volta nos trilhos. Sabemos que parece simples, mas é profundo. E funciona. Uma vez que você reestrutura uma situação difícil para tentar entender o seu cônjuge, antes de fazer com que ele entenda, as suas habilidades de comunicação, não importando quão rudimentares sejam, lhe proporcionam um salto considerável.

Depois de uma olhada na nossa "colinha", relaxei a minha postura defensiva e trabalhei para entender a perspectiva de Les. "Você realmente valoriza uma vida organizada e ordenada, e eu às vezes me esqueço do quanto isto significa para você". Eu mal podia acreditar nas palavras que estavam saindo da minha boca. Les imediatamente reconheceu a minha sinceridade e logo reconheceu a minha luta para acompanhar as crescentes exigências da nossa família. Toda a nossa conversa mudou de direção. Começamos a praticar o que pregamos, e voltamos a ficar em contato através de uma conversa civilizada e construtiva.

Então, aprenda com um casal de especialistas em relacionamentos muito humanos. Da próxima vez que você ficar preso tentando colocar em prática todas estas recomendações, tire uma "colinha" e lembre-se deste ponto elementar. Uma vez que você passa a procurar entender antes de ser entendido, o restante destas habilidades se acomodam com muito mais naturalidade.

capítulo quatro

O Fundamento de toda Grande Conversa

Descobrindo o seu Fator de Insegurança

As palavras foram saindo de mim como moedas em uma máquina de fazer troco.

Natascha Wodin

Conheça o Dr. Myron R. Fox, o mais impressionante comunicador que você jamais entenderá. Ele se apóia em seu púlpito em frente a um auditório onde dezenas de pessoas instruídas comparecem para ouvi-lo falar. E todas as vezes, Dr. Fox sai de seu caminho para ter a certeza de que ele absolutamente não faz sentido algum. E o público tem a sua atenção presa, acenando com a cabeça em concordância enquanto ele fala, sobre nada, de modo incoerente com estilo eloqüente e artifício fluente. Sua falsa conclusão e declarações contraditórias encontram demonstrações de concordância entre a platéia.

Você entrou na zona obscura? Não. Somente um experimento de pesquisa na Universidade da Pensilvânia. O professor Scott Armstrong está testando a sua "Hipótese do Dr. Fox", baseado em um ator se fazendo passar por um Dr. Myron R. Fox, que está reunindo fragmentos de matéria-prima a partir de artigos não relacionados entre si da *Scientific American*, combinados com referências sem sentido a tópicos desconexos e uma pesada dose de frases de duplo sentido. Armstrong quer saber se "uma comunicação ininteligível vinda de uma fonte legítima na área de especialidade do receptor, aumentará a avaliação do receptor em relação à competência do autor". É exatamente o que acontece. Os componentes da platéia erudita de profissionais relataram em questionários anônimos que "acharam a palestra clara e estimulante".[1]

Imagine isso! Você pode dizer absolutamente nada de valor e ainda assim ser respeitado. A verdade é que, para os casais, isso não é tão tolo quanto poderia parecer. O ponto da comunicação em si é desfrutar do conforto de uma ligação emocional progressiva, mesmo quando as suas palavras são um tanto sem sentido. Foi o que Charles Lamb explicou quando disse: "Falar bobagem é um privilégio da amizade, assim como ter a sua bobagem respeitada".

E isso é um privilégio. Quando você tem um cônjuge que permite que vocês dois conversem sem preparação e falem livremente, você está desfrutando de um dos grandes privilégios de um relacionamento saudável. Esta é uma posição social de elite entre os casais: sentirem-se suficientemente seguros para falar sobre o que quer que pensem e sintam.

Não há necessidade de testar a Hipótese do Dr. Fox em seu próprio relacionamento. Quando vocês dois estão batendo um papo sobre qualquer coisa e sobre tudo, quer faça sentido ou não, e ainda se sentindo ligados bem em seu íntimo, vocês estão expressando uma Conversa de Amor. E alcançar uma Conversa de Amor tem tudo a ver com sentir-se seguro. "A amizade é o conforto inexprimível de se sentir seguro com uma pessoa", disse a escritora britânica George Eliot, "não tendo que avaliar os pensamentos nem medir as palavras". Quando se trata de conversa, estamos todos muito ligados à segurança emocional. Cada um de nós possui uma necessidade esmagadora de sentir-se livre da dor, perda ou perigo pessoal. Esta necessidade impulsora é a força motriz que está por trás da maneira como cada um de nós vive a sua vida. É o principal motivador que está por trás de quase tudo o que fazemos — especialmente quando se trata de conversa.

Na verdade, uma vez que vocês tenham encontrado a sua zona de segurança como um casal, uma vez que tenham estabelecido uma ligação que faz com que vocês se sintam mais protegidos, relaxados e bem-vindos, vocês podem eliminar o que chamamos de fator de insegurança pessoal — esteja você consciente disso ou não, essa é a sua maior barreira para desfrutar a Conversa de Amor.

O seu Fator de Insegurança Pessoal

Apenas raramente alguém (o mais autoconsciente e inspirador) diz: "Sinto-me inseguro, e é por isso que estou fazendo o que estou fazendo em meu relacionamento". Contudo, este medo de estar em um risco pessoal está se escondendo debaixo de quase todas as nossas conversas. Quando o nosso medo de perder o que estimamos aumenta profundamente, a nossa insegurança também aumenta, e é nessa hora que as nossas conversas ficam confusas. Por esta mesma razão, queremos ajudá-lo a identificar o seu fator de insegurança pessoal. Todos nós temos um. Cada um de nós tem um medo de perder algo que estimamos nas trocas diárias do nosso relacionamento. Podemos ficar com medo de perder tempo, aprovação, lealdade ou qualidade.

Então nos permita fazer uma pergunta simples de múltipla escolha que o ajudará a descobrir o seu fator de insegurança. Porém, para você conseguir qualquer significado a partir desta pergunta, queremos que responda do fundo do seu coração. Pense bem. Seja bastante honesto consigo mesmo. Não responda com o que você acha que soa melhor. Responda com o que você sabe que é realmente verdade. Aqui está a pergunta: *O que faz você se sentir mais emocionalmente seguro?*

- ganhar o controle do tempo
- ganhar a aprovação dos outros
- manter a lealdade
- atingir padrões de qualidade

Se você tivesse que escolher uma destas opções como a sua maior necessidade emocional, qual seria? Em vez de escolher só uma, pode ser que você prefira classificar a lista das necessidades de segurança da mais forte até a mais fraca. Tudo bem. A questão é identificar o que mais lhe traz o maior senso de segurança emocional.

E se você está se perguntando por que estamos pedindo que escolha uma dentre essa lista específica de necessidades de segurança, temos uma boa razão. Por quase um século, essas quatro necessidades fundamentais têm sido constantemente identificadas através de pesquisas com os melhores prognósticos do comportamento humano, e da interação humana.[2]

> *Falar muito de si mesmo também pode ser um meio de esconder a si mesmo.*
> Friedrich Nietzsche

Veja se estas breves descrições soam como verdadeiras para você.

Ganhar o Controle do seu Tempo

Você pulou o prólogo deste livro? Tudo bem. Sabemos como você se sente. Urgente, certo? Você vive com medo de perder o seu tempo? Você sente que se não protegê-lo, o seu tempo logo estará se esvaindo improdutivamente? Bem, aqui estão algumas notícias que provavelmente não farão o seu dia brilhar. Durante toda a sua vida, uma pessoa comum passará:

- seis meses parado em semáforos de trânsito
- oito meses abrindo correspondências inúteis
- um ano procurando objetos fora do lugar
- dois anos retornando telefonemas sem êxito
- cinco anos esperando na fila [3]

Como dissemos, provavelmente estas não sejam as melhores notícias que você ouviu o dia todo — especialmente se ganhar o controle do seu tempo é o que faz com que você se sinta mais emocionalmente seguro. A propósito, você já sentiu que um motorista estava realmente devagar ao tirar o carro da vaga que você estava esperando? Acontece que a sua imaginação pode não estar lhe pregando truques. Um estudo recente de 400 motoristas em um shopping center descobriu que os motoristas levavam mais tempo para tirar o carro da vaga se alguém estivesse esperando, do que se ninguém estivesse esperando ali para reivindicar a vaga. Em média, se ninguém estivesse esperando pela vaga, os motoristas levaram 32,2 segundos para sair da vaga depois de abrirem a porta do carro. Se alguém estivesse esperando, os motoristas levariam cerca de 39 segundos. E infeliz da pessoa que buzinasse para apressar o motorista: os motoristas levariam 43 segundos para sair da vaga se o motorista que estivesse esperando buzinasse![4]

Então tenha isso em mente da próxima vez que estiver vagando pelo estacionamento procurando uma vaga — especialmente quando ganhar o controle do seu tempo lhe traz conforto. Sabemos que pode não ser fácil. Afinal, "impaciente" pode ser uma das maneiras que os seus amigos passaram a utilizar para descrevê-lo. Você protege o seu tempo.

Na verdade, se você achar que a sua segurança vem principalmente do controle do seu tempo, você tenderá a protegê-lo com afinco. Você não deixará que estas descrições desanimadoras de desperdiçadores de tempo descrevam a sua vida. Você não permitirá que cinco anos de sua vida sejam roubados ficando em filas. Você não vai ficar por aí sem fazer nada quando tem uma tarefa a cumprir, e com certeza não quer perder nem um minuto em algo que você não dá valor. Você está ansioso por chegar à conclusão final. Você preza a eficiência e valoriza a comunicação breve, clara e direta. Você é um planejador natural, e é orientado pelos resultados.

Não há mentira maior do que uma verdade mal-entendida.

William James

O treinador chefe da NFL Steve Mariucci disse: "Eu nunca uso relógio, porque sempre sei que é agora — o agora é o momento exato em que você deve fazer aquilo que precisa ser feito". Você se identifica com este sofisma? Steve é o seu tipo de pessoa? Se for, a sua principal necessidade de segurança emocional simplesmente pode ser ganhar o controle do seu tempo.

Ganhar a Aprovação dos outros

"Você gosta de mim? Assinale sim ou não." Você se lembra deste bilhetinho escrito em um pedaço de folha de caderno e dobrado várias vezes? Era para a coleguinha de classe por quem você era apaixonado na sexta série. Bastante direto, você não acha? Não se esta for a sua necessidade de segurança emocional. Não importa a idade que você tenha, esta é a questão que está em sua mente (pelo menos inconscientemente) durante a maior parte do tempo.

Se você encontra a sua segurança na aprovação de outras pessoas — em especial naquelas que você respeita profundamente — você tem medo de fazer algo ou de dizer algo que possa ofendê-las ou desestimulá-las. As suas conversas com aqueles que você respeita são animadas e otimistas, até mesmo inspiradoras. Fatos e informações colocam-se em posição secundária e temporária em relação à emoção que você coloca em sua mensagem.

O filme *Gladiador* conta a história de Máximo, general do exército romano em 180 d.C. Após a vitória em uma batalha decisiva, o imperador Marco Aurélio, que estava morrendo, expressa o seu desejo de eleger Máximo como o seu sucessor. O próprio filho de Marco Aurélio, Cômodo, é o adversário amoral de Máximo, e quando fica sabendo que não será o próximo imperador, afasta-se de seu pai.

"Você me escreveu uma vez, listando as quatro virtudes principais: sabedoria, justiça, firmeza e temperança", disse Cômodo. "Quando li a lista, percebi que não possuía nenhuma delas. Mas tenho outras virtudes: ambição — que pode ser uma virtude quando nos faz sobressair; engenhosidade; coragem — talvez não em um campo de batalha, mas há muitas formas de coragem; dedicação — à minha família, a você. Mas nenhuma das minhas virtudes estava na sua lista. Era como se você não me quisesse como seu filho".

"Cômodo, você vai longe demais", responde seu pai, o imperador.

Cômodo, continua: "Eu busquei as faces dos deuses procurando maneiras de agradá-lo para fazer com que se orgulhasse de mim. Uma palavra gentil, um abraço forte em que você me apertasse contra o seu peito e me segurasse firme teria sido como o sol em meu coração por mil anos. Tudo o que eu sempre quis foi viver à sua altura, César, Pai".

Esta cena toca profundamente o seu coração? Você compartilha o mesmo desejo? Você sente, como Cômodo, a fome por um abraço apertado que seria como o sol em seu coração por mil anos? A sua resposta será sim, se ganhar a aprovação daqueles que você respeita for a sua maior necessidade de segurança emocional. Como você não poderia pensar assim? A aprovação e a bênção de um pai ao seu filho é a coisa mais importante. Todos nós a queremos e precisamos dela. Mas a pessoa que tem esta necessidade de segurança a estende vigorosamente à maioria dos outros relacionamentos, em especial se eles não conseguiram se desenvolver.

Manter a Lealdade

Quando os jogadores de futebol americano de Pepper Rodgers, na Universidade da Califórnia em Los Angeles (UCLA), estavam com dificuldades para se adaptar à formação tática de ataque que ele havia implantado, e os formandos da escola exigiram que ele adotasse um outro sistema, ele não mudou. Quanto à formação tática, ele disse: "É como o cristianismo. Se você só acredita nele até quando algo dá errado, então, em primeiro lugar, você não acredita nele". Rodgers era leal ao seu sistema. Ele brincou dizendo que ninguém no sul da Califórnia sairia com ele durante aquele período. "O meu cachorro era o meu único amigo verdadeiro", Rodgers disse naquele ano. "Eu disse à minha esposa que todo homem precisa de, no mínimo, dois amigos. Ela me comprou um outro cachorro".

Se as suas necessidades de segurança são atendidas principalmente através do compromisso e da estabilidade do que é conhecido, então você entende Pepper Rodgers. Você também tem medo de mudanças — pelo menos o tipo de mudança que acontece sem aviso e ameaça as suas lealdades fundamentais. Você valoriza a devoção. Você prefere a previsibilidade e instintivamente resiste a mudanças, a menos que elas ocorram em um ritmo lento e firme. Você é alguém que ouve com paciência, e uma ligação forte faz com que você se sinta seguro.

Considere a lealdade e a devoção entre Frederic Douglass, que nasceu na escravidão em Maryland no início do século XIX, e sua mãe. Ele escreve em *Narrative of the Life of Frederic Douglass, an American Slave* (Narrativa da Vida de Frederic Douglass, um Escravo Americano): "Minha mãe e eu fomos separados quando eu era apenas um bebê — antes de conhecê-la como a minha mãe. Ela foi contratada por um Sr. Stewart, que morava cerca de 19 quilômetros de minha casa".

Entretanto, a mãe do jovem Frederic encontrou maneiras de ver o seu filho: "Ela fazia as suas jornadas para me ver à noite, viajando todo o percurso a pé, depois de desempenhar as tarefas de seu dia de trabalho. Ela trabalhava no campo, e ser chicoteada seria a punição por não estar no campo ao pôr-do-sol". Ele continua: "Ela ficava comigo durante a noite. Ela se deitava comigo e me fazia dormir, mas muito antes de eu acordar ela ia embora".

A mãe de Frederic Douglass, depois de trabalhar o dia todo no calor escaldante e então caminhar 19 quilômetros no escuro para ver o filho, o confortava até que pegasse no sono. Então ela andava outros 19 quilômetros de volta para evitar ser chicoteada.

Vamos falar de lealdade, devoção e compromisso. Felizmente, estas qualidades não serão colocadas para este tipo de teste para a maioria de nós, mas se a lealdade for a sua maior necessidade de segurança, você provavelmente passaria no teste. Você é resistente a mudanças? Você preza a idéia de estar presente para ajudar a pessoa que precisa de você, e este tipo de dependência e confiança de seu cônjuge faz com que você se sinta seguro?

Atingir Padrões de Qualidade

Conhecido por seus relógios de luxo, o fabricante de relógios suíços Patek Philippe também se tornou famoso por seu inteligente slogan de propaganda: "Você nunca possui realmente um Patek Philippe; você meramente toma conta dele para a próxima geração". Se você compartilha este sentimento, é provável que tenha a sua necessidade de segurança emocional básica atendida ao atingir padrões de qualidade. Você gosta da idéia de que, como um bom relógio, o seu caráter possa ser criado e mantido através de uma série de boas decisões.

Na verdade, se as suas necessidades de segurança forem atendidas principalmente através da manutenção de um elevado padrão, e de uma reputação impecável, você terá medo de fazer uma escolha que possa manchá-la. Você aborda decisões pensando muito bem. Você sabe que há um modo certo e um modo errado de fazer as coisas, e está determinado a encontrar o modo certo, não importa quanto tempo isso leve. Você é conservador e cauteloso em suas conversas, nunca prometendo mais do que pode fazer.

Fãs de golfe descontentes expressaram o seu desgosto quando Scott Hoch se recusou a dar a sua tacada leve de três metros no segundo buraco que decidiria o Campeonato Ford de 2003 em Doral, em Miami, Flórida. Quando caiu a escuridão, Hoch não estava certo quanto ao estado da grama. Então a final do torneio com morte súbita foi adiada até a manhã seguinte, quando muitos fãs não poderiam comparecer. Hoch deu a sua tacada na manhã seguinte e então atingiu o terceiro buraco final, ganhando cerca de 900 mil dólares. Se Hoch tivesse tentado terminar o torneio no domingo, provavelmente teria perdido. Com a luz reduzida, Hoch, que havia se submetido a cinco cirurgias nos olhos, pensou que a tacada se moveria para a esquerda. O seu auxiliar via outra direção. A luz da manhã provou que o auxiliar estava certo.

> *Converse com um homem sobre ele mesmo, e ele lhe ouvirá durante muitas horas.*
>
> Benjamin Disraeli

Hoch não estava preocupado em ganhar a aprovação dos fãs e não se sentiu pressionado pelo relógio. O que importava para Scott Hoch era tomar a melhor decisão que pudesse. E ele teve muito cuidado e precaução para fazê-lo. Você é assim? Atingir um padrão de qualidade tem prioridade maior do que controlar o seu tempo, ganhar a aprovação, e manter a lealdade? Se este for o caso, a qualidade é a sua necessidade de segurança emocional.

Construindo a sua Zona de Segurança

Talvez você tenha visto o filme *O Quarto do Pânico,* no qual Jodie Foster representa uma mulher que está apavorada por ladrões que invadiram a sua casa na cidade de Nova Iorque. Ela se retira com a sua filha para um "quarto do pânico" de alta tecnologia dentro de sua residência, um quarto secreto com portas reforçadas e outras precauções de seguranças. E se você for como nós, esta foi a primeira vez que você ouviu algo assim. Quartos do pânico, porém, não estão presentes apenas nos filmes. Aparentemente, as companhias de segurança instalam regularmente o que chamam de "quartos seguros". A maioria dos pedidos vem de famílias ricas ou celebridades que têm medo de serem alvos de algum tipo de ataque. Estima-se que haja milhares de quartos assim só em Bel Air e Beverly Hills.[5]

Isso nos fez pensar sobre um "quarto seguro" para o nosso relacionamento, um lugar onde nos sentíssemos totalmente protegidos e seguros. Você consegue imaginar se a sua casa tivesse uma coisa dessas? Você e seu cônjuge poderiam entrar neste quarto e ficar livres do medo de perder tempo, aprovação, lealdade e qualidade. O seu temor emocional mais profundo não seria mais um fator em suas conversas. Você estaria a salvo. Poderia relaxar. E você pode imaginar as conversas que teriam ali? Elas seriam as melhores conversas que já tiveram, que já sonharam em ter. Logo, você se acharia passando quase todo o seu tempo em seu quarto seguro.

Você entende. Tão logo você — ou cada um de vocês — identifique o seu principal fator de insegurança, você pode construir o seu próprio quarto seguro emocional, livre do medo de perder o que você mais valoriza. Parece muito bom para ser verdade? Não é. Estamos prestes a lhe dar as ferramentas de que você precisa para começar a criar uma zona de segurança relacional — um espaço em seu relacionamento, feito sob medida, precisamente para a combinação dos seus dois fatores de insegurança — o seu e o de seu cônjuge. Como podemos fazer isso? Fazendo você considerar quatro perguntas reveladoras que são criticamente importantes para a Conversa de Amor. Aliás, você ficará feliz por saber que não há respostas certas e erradas para estas perguntas. Elas foram criadas para fazer com que você entenda a si mesmo, seu cônjuge e o seu relacionamento. Elas revelarão o seu estilo de conversa pessoal — mostrando-lhe como você diz, de forma inigualável, as coisas que você diz.

O seu Estilo de Conversa

Vamos direto ao ponto. Cada um de vocês possui um estilo único de conversa. Tão único que quase podemos garantir que os estilos de conversa de vocês dois não são iguais. Na verdade, eles podem estar em pólos diferentes de distância, de algumas maneiras. Mas estamos nos adiantando. Os seus estilos de conversa são determinados pelo modo como vocês respondem individualmente a estas quatro perguntas:

Se a virtude nos preceder,
todos os passos serão seguros.
Sêneca

- Como vocês resolvem os problemas?
- Como vocês influenciam um ao outro?
- Como vocês reagem às mudanças?
- Como vocês tomam decisões?

A sua resposta a cada uma dessas perguntas identifica uma dimensão específica de comunicação, que já provou ser superior no entendimento de como você diz as coisas que diz, e como você ouve o que o seu cônjuge está dizendo. Em outras palavras, tão logo entenda com precisão o modo como você resolve os problemas, influencia o seu cônjuge, reage a mudanças e toma decisões, você descobrirá qual é o seu estilo de conversa — e este conhecimento é a chave para desfrutar a Conversa de Amor. Então vamos explorar cada um deles.

Parte 2

Como Você Diz as Coisas que Você Faz

A maneira como você responde às próximas quatro perguntas, revela o seu estilo de conversa pessoal. E entender com precisão o seu estilo de conversa é a chave para abrir a Conversa de Amor. Somente quando vocês dois conhecerem o próprio estilo, bem como o estilo do outro, é que poderão descansar na segurança de uma conversa na qual o medo não será mais um fator — uma conversa na qual você não estará mais sobrecarregado tendo que pesar os pensamentos ou medir as palavras.

capítulo cinco

Como Você Resolve os Problemas?

Agressiva ou Passivamente

Se o único instrumento que você tem é um martelo,
você enxergará todo o problema como um prego.
Abraham Maslow

— Estou com cheiro de spray de cabelo? — perguntei.

— Não, — Leslie respondeu.

— Você não está sentindo cheiro de nada?

Perguntei com mais insistência. Eu tinha acabado de acordar e entrei na cozinha à procura de um copo de suco.

— É provavelmente o 'Brilliant Shine' que acabei de usar perto do espelho da entrada.

— Brilliant Shine?!

— Sim, ele deixa o meu cabelo brilhante — Leslie disse.

— Eu não ligo para o que ele faz; ele fede. Abra a porta da frente e deixe entrar um pouco de ar fresco aqui dentro.

Leslie abriu a porta por alguns segundos, literalmente. Ela fechou a porta abruptamente para impedir que o nosso bebê fugisse.

— Vou abrir esta janela.

Ela disse enquanto a levantava cerca de cinco centímetros.

— Isto não vai resolver.

Eu disse enquanto abria as portas francesas que conduziam ao fundo e fui direto abrir a porta da frente que ela havia acabado de fechar.

— Isto é necessário?

Leslie perguntou enquanto eu, enxotado por ela, ligava o exaustor acima do fogão.

Para mim era necessário. O cheiro desagradável do seu produto para cabelo foi uma maneira repulsiva de começar o meu dia, e eu queria que ele acabasse. Imediatamente.

— O odor cuidará de si sozinho se você simplesmente lhe der algum tempo — disse Leslie.

A Dificuldade de Segurança do Solucionador de Problemas Agressivo É o Tempo

Tempo. Essa era a questão. O produto chamado Brilliant Shine estava desperdiçando o meu tempo — e eu prezo o meu tempo. Na verdade, o meu maior fator de insegurança é perder o meu tempo. Então adivinhe. Isto me torna um solucionador de problemas agressivo. Eu admito. E após duas décadas de casamento, Leslie sabe disso tanto quanto eu. Não fico embromando, ou postergando. Quando se trata de resolver problemas, eu pego o touro proverbial pelos chifres. Não tenho medo da confrontação. Quero chegar ao fundo de qualquer questão pelo caminho mais direto possível.

Leslie, por outro lado, tende a ser uma solucionadora de problemas passiva. Note como ela queria que o problema do produto de cabelo com mau cheiro acabasse. E tudo bem quanto a isso — se a perda do controle do seu tempo não for o seu principal fator de insegurança. E para Leslie, não é. Assim, ela aborda a solução de problemas a partir de um ângulo completamente diferente. Quando se depara com um problema, ela é mais acomodada do que assertiva. Mais dócil do que decisiva. Mais passiva do que agressiva. Para ela, a solução de problemas é um esporte gentil, porque ganhar o controle de seu tempo é a sua menor necessidade de segurança emocional — sempre. E, quando se trata de solucionar problemas, ela é muito mais paciente do que eu.

Então, as nossas diferentes abordagens de solução de problemas afetam o nosso relacionamento? Elas interferem em nossa comunicação? Somente no dia-a-dia básico! Esta é a maior fonte de problemas de comunicação que temos.

Isso não deixa de ser um problema para nós. Qualquer pessoa que tenha uma abordagem agressiva da solução de problemas faz perguntas diretas e exige respostas, freqüentemente sem sentir a necessidade de tato ou diplomacia. *Vamos resolver o problema, e depois disso podemos ser agradáveis um com o outro.* Esta é a atitude dos solucionadores de problemas agressivos. Eles são orientados pela tarefa. E quando algo começa a ameaçar o seu tempo, eles se tornam duros, assertivos e ousados. E quando o problema não é resolvido rapidamente, ou quando sentem que o seu cônjuge não está ajudando com o mesmo senso de urgência, eles se tornam mais insensíveis, resolutos e impacientes. Tomando Leslie como exemplo, não é divertido ter um solucionador de problemas agressivo por perto quando os problemas dele não estão sendo resolvidos.

O Solucionador de Problemas Passivo

Bill e Ed tinham o trabalho cansativo de desobstruir um campo de árvores. O contrato dizia que eles seriam pagos por árvore. Bill queria que o dia fosse lucrativo, então ele ofegava e suava, trabalhando implacavelmente com o machado.

Ed, por outro lado, parecia estar trabalhando com a metade da velocidade. Ele até mesmo fez um descanso e sentou-se afastado por alguns minutos. Bill continuou cortando até que cada músculo e tendão em seu corpo estivessem gritando.

No final do dia, Bill estava terrivelmente dolorido, mas Ed estava sorrindo e contando piadas. Surpreendentemente, Ed tinha cortado mais árvores. Bill disse: "Eu notei você sentado enquanto eu trabalhava sem um intervalo. Como você trabalhou mais do que eu?"

Ed sorriu. "Você notou que eu estava afiando o meu machado enquanto estava sentado?"

> *Nenhum problema é grande demais, a ponto de você não poder sair dele.*
> Charles M. Schulz

Às vezes a abordagem de solução de problemas aparentemente passiva e com menos pressa é a tática mais inteligente. O solucionador de problemas extremamente entusiasmado e dedicado, extremamente ansioso por alcançar resultados, pode não enxergar o que o solucionador de problemas passivo provavelmente vê. As pessoas que são passivas — que não têm a perda de tempo como uma de suas principais necessidades de segurança emocional — levam uma grande vantagem na solução de problemas. Elas são cuidadosas por natureza. Elas querem reunir informações e estudar o problema antes de tentar resolvê-lo apressadamente. Conclusão, o solucionador de problemas passivo está disposto a dar um tempo.

Naturalmente, este é o único presente que o solucionador de problemas agressivo não quer dar. Pedir-lhes que desistam do tempo, que diminuam o ritmo do processo, é o mesmo que pedir a um piloto de corridas de Indianápolis que relaxe e vá com calma durante algumas voltas. Isso não irá acontecer.

E é exatamente por isso que um solucionador de problemas passivo pode ser um bom complemento para quem é o agressivo.

Bill e Cindy tinham um problema. Ervas daninhas. E muitas delas.

— Os vizinhos estão começando a falar do nosso quintal — disse Bill. — E Kenny prometeu cuidar disso quando conversamos na semana passada. Irei telefonar para os pais dele para que ele venha aqui agora mesmo.

— Querido, desligue o telefone, — disse Cindy. — Kenny é só um adolescente que corta a nossa grama. Ele não é um jardineiro profissional. Não é necessário ligar para os seus pais.

— Bem, isto é embaraçoso. Eu mesmo vou fazer este trabalho.

Cindy riu alto.

— Bill, eu nunca vi você fazer qualquer trabalho no quintal. Você tem certeza disso? Tenho certeza de que Kenny tem os seus motivos, e ele disse que estará aqui amanhã.

Bill revirou os olhos e saiu para comprar um produto que matasse as ervas daninhas.

— Estarei de volta em alguns minutos, e aquelas ervas daninhas estarão acabadas antes que o sol se ponha.

Isto é o suficiente. Dentro de uma hora, Bill estava injetando o seu mata-ervas daninhas de ação rápida em cada mato indesejado que encontrava no jardim em frente a sua casa.

— Você esteve trabalhando duro lá fora, — disse Cindy quando Bill entrou de novo em casa.

— Realmente não há nada de mais nisso. Só não consigo entender por que Kenny disse que não poderia fazer isso hoje. Isso realmente me deixa louco. Gastar o meu dia de folga fazendo esse trabalho.

— Bem, sei que você está irritado, mas você resolveu o seu problema.

Pelo menos ele pensou que tinha resolvido o seu problema. No dia seguinte, Kenny apareceu na casa deles e tocou a campainha.

— O que aconteceu com o seu gramado? — ele perguntou a Cindy.

— Ó, meu Deus! Cindy gritou. — Bill, é melhor você ver isso.

Ele veio até a porta da frente enquanto os três observavam um quintal que mais parecia uma fatia gigante de queijo suíço. Havia dezenas de buracos enormes na grama. Grandes círculos marrons no que antes tinha sido um lindo gramado.

— O senhor não usou esta coisa, usou, Sr. Brown? — Kenny perguntou a Bill enquanto apontava para o frasco vazio de mata-ervas daninhas. — Eu não quis trabalhar nas suas ervas daninhas ontem porque o vento estava muito forte, e isto espalha o spray. Além disso, eu não recomendaria esta marca de mata-ervas daninhas. Está escrito bem aqui, na embalagem: "Importante: Não recomendado para o controle localizado de ervas daninhas em gramados porque ele mata a grama". O senhor não fez isso, fez Sr. Brown?

Com isso, Cindy retirou-se para dentro da casa, deixando Bill explicar a sua estratégia agressiva de resolver problemas ao seu jardineiro adolescente.

Como dissemos, às vezes uma abordagem passiva que aguarda que a solução surja a tempo é a maneira mais inteligente de agir. Naturalmente, há também um lado negativo de ser um solucionador de problemas passivo. Ou seja, o tempo nem sempre leva a soluções. Se uma abordagem agressiva acabar não sendo tomada, a vida se torna uma mistura de coisas inacabadas que nunca se resolvem.

Mesclando as Abordagens Passiva e Agressiva para a Solução de Problemas

A abordagem calma do solucionador de problemas passivo pode obviamente exacerbar um cônjuge agressivo (não que precisemos de um estudo específico para demonstrar este fato no nosso próprio casamento!) Afinal, o solucionador de problemas passivo é muito mais cuidadoso e atencioso, querendo evitar conflitos e quaisquer tensões. Esta abordagem se mostra desanimadora e irresoluta para um cônjuge agressivo. Você entende. E o mesmo ocorre com qualquer solucionador de problemas passivo que tem estado no final da linha de recepção de um solucionador de problemas vigoroso.

É verdade. Eu (Leslie) não consigo contar o número de vezes que fiquei magoada por não entender a abordagem agressiva de Les. O problema podia ser um aparelho de telefone celular perdido, uma lavanderia suja, uma tigela de salgadinhos derrubada, ou encontrar uma babá, um bom restaurante, ou um controle remoto da TV perdido. O problema não importa. A violação de seu tempo é a urgência esmagadora que importa. *Por que ele é tão agressivo comigo?* Eu sempre fiz essa pergunta a mim mesma nessas situações. *Ele não sabe que isso fere os meus sentimentos?* A verdade é que ele não sabia que estava ferindo os meus sentimentos; não, a princípio. Ele foi confundido pela minha abordagem contida para encontrar o telefone celular perdido, ou seja lá o que for. Ele simplesmente não conseguia compreender que eu não seria tão orientada pelo objetivo quanto ele, para resolver o problema.

> *Eu não tenho qualquer solução, mas certamente admiro o problema.*
> Ashleigh Brilliant

Só quando entendi o principal fator de insegurança de Les como sendo a perda de tempo, é que tive uma idéia da sua solução de problemas agressiva. Foi quando eu me dei conta. Foi quando comecei a ter não só um novo entendimento deste assunto, como também um espírito mais compassivo e mais gentil para lidar com esta situação. Na verdade, esta simples inspiração apoiou a minha habilidade de ser mais objetiva e analisar as coisas de uma forma menos pessoal. Afinal, a sua abordagem determinada e direta para a solução dos problemas é dele, e não minha.

> *Não haveria nenhum problema humano que não pudesse ser resolvido se as pessoas simplesmente seguissem os meus conselhos.*
> Gore Vidal

Somente quando Les aprendeu que perder o controle do meu tempo tem pouca conseqüência para mim (comparado com outras necessidades de segurança), é que ele começou a entender a minha abordagem passiva. Agora é muito pouco provável que ele interprete a minha solução amena para os problemas como apatia. Tanto ele quanto eu sabemos que estamos ligados de modo diferente neste processo, e este entendimento nos dá mais graça, e nos faz avançar mais um passo em direção à Conversa de Amor.

O Solucionador de Problemas Agressivo

Diz: "Façamos agora".

Pontos fortes: Tem iniciativa própria, é ousado, determinado e firme.

Sob estresse torna-se: Impaciente e grosseiro.

Em conflitos torna-se: Intimidador e confrontador.

O Solucionador de Problemas Passivo

Diz: "Vamos dar um tempo".

Pontos fortes: Atencioso, tem domínio próprio, é paciente e cooperador.

Sob estresse torna-se: Ansioso e lento.

Em conflito torna-se: Hesitante e retraído.

Está curioso para saber onde você e seu cônjuge se encaixam nesta questão de resolver problemas? Você já pode ter uma boa idéia. Talvez como nós, cada um de vocês esteja em campos diferentes. Ou talvez vocês dois sejam solucionadores de problemas agressivos, ou ambos sejam solucionadores de problemas passivos. Seja qual for a sua combinação, temos uma ajuda específica para você. Para não deixá-lo na Parte Dois deste livro, iremos lhe fornecer uma maneira única e poderosa para saber exatamente onde vocês dois se encaixam. Nós o ajudaremos a apontar com precisão quão agressiva ou passivamente cada um de vocês aborda a solução de problemas, e lhe daremos algumas maneiras personalizadas para maximizar a sua combinação de estilos. Neste estágio queremos apenas ajudá-lo a refletir sobre as quatro perguntas que determinam os seus estilos de conversa. Então vamos para a próxima pergunta.

capítulo seis

Como Vocês Influenciam Um ao Outro?

Com Sentimentos ou Fatos

A liberdade é aquele instante entre o momento em que alguém lhe diz para fazer algo, e o momento em que você decide como reagir.

Jeffrey Borenstein

Talvez o humorista Mark Twain tenha influenciado o panorama literário americano mais do que qualquer outro autor. Ele mudou a maneira como pensamos e sentimos os marcos divisórios nacionais, como por exemplo o Rio Mississipi. Ele também é um dos autores mais citados de todos os tempos, ainda vendendo milhões de livros um século depois de sua morte. Poucos discutiriam a sua influência duradoura.

A influência dramática que Twain exerceu sobre sua esposa foi também muito poderosa, mas não muito conhecida. Ele não era um homem religioso, nem afirmou ser quando começou a cortejar Olívia Langdon. Na época de Twain, um homem tinha tipicamente que obter a permissão dos pais de uma mulher antes de se casar com ela. Entretanto, Mark Twain teve um problema. Os pais cristãos de Olívia não permitiriam que sua filha se casasse com um incrédulo. Para superar este obstáculo, Twain assumiu o disfarce de alguém que buscava as coisas espirituais e que precisava do apoio e das orações da família de Olívia.

Twain, influenciado de modo aparente pelo estímulo de Olívia, provavelmente se converteu. Ele escreveu à sua mãe depois de seu noivado com Olívia: "Minha profecia estava correta... Olívia disse que não poderia ou não iria me amar — mas ela designou a si mesma a tarefa de fazer de mim um cristão. Eu disse que ela teria êxito, mas que, enquanto isso, ela iria inconscientemente cavar uma cova matrimonial e acabaria por tropeçar nela — e veja! A profecia se cumpriu".

A família de Olívia foi convencida de que Twain havia realmente se tornado um cristão e permitiu o casamento. Mas pelo menos um estudioso insiste que Twain "era um homem apaixonado que cortejava a jovem com quem tinha esperança de se casar. Seus sentimentos 'religiosos' naquela época, expressos em suas cartas de amor a Olívia, desapareceram assim que as núpcias acabaram".[1]

Depois de seu casamento, Twain zombou das crenças de Olívia. Logo, o otimismo de Olívia começou a diminuir, e a sua fé fervorosa esfriou. Por fim ela abandonou totalmente a sua religião, e uma profunda tristeza inundou a sua vida. Mark Twain a amava e nunca teve a intenção de magoá-la, mas havia partido o espírito de sua amada. Ele disse: "Olívia, já que apoiar-se em sua fé lhe conforta, faça isso". Ela respondeu com tristeza: "Eu não posso. Não me restou nenhuma fé". Twain freqüentemente desejava poder recuperar a fé, a esperança e o otimismo de Olívia, mas era tarde demais.[2]

É difícil exagerar quando se fala da influência que uma pessoa pode exercer sobre outra. Dando o tempo suficiente, um cônjuge pode penetrar no próprio âmago do espírito do outro e influenciar as coisas que ele ou ela possui de mais estimável. Naturalmente, poucos de nós sucumbem aos tipos de medidas astuciosas que Mark Twain empregou, mas seremos tão suscetíveis quanto Olívia se subestimarmos a importância da influência que exercemos sobre o outro.

Todos os dias, de quase todas as maneiras, estamos tentando influenciar um ao outro. As nossas conversas são consumidas por frases como: "Você não vai usar isso, vai?" "Como você pode apoiar um candidato com este tipo de histórico?" "Você sabia que os homens que não fazem um check-up físico na sua idade têm duas vezes mais possibilidade de ter um problema médico dentro dos próximos cinco anos?" "Eu sei que você não gosta de limão, mas vai adorar este bolo de limão — tenho certeza disso".

As nossas tentativas de influenciar um ao outro, tanto nas questões comuns como nas maiores questões da vida, são infinitas. Influenciar um ao outro para fazer isso ou aquilo ou para não fazer algo, envolve uma porção indescritível de nossas conversas diárias. E saber se o seu cônjuge é influenciado mais poderosamente por sentimentos ou por fatos pode ser suficiente para tornar as conversas de vocês mais produtivas.

Fatos ou Sentimentos?

— Pode ser que caia a ligação do meu telefone celular — disse Steve — Eu só quero que saiba que a reunião vai acabar cedo — você pode me apanhar?

— Tudo bem, acho que vou pela I-90 — disse Patti. — Linda me contou sobre estas novas luzes no túnel. Acho que elas são muito legais, como da era espacial ou coisa assim.

— Acabei de verificar o relatório do trânsito no meu laptop há cinco minutos, e a I-90 está congestionada, então a 202 é, com toda certeza, o melhor caminho para você chegar aqui.

— É muita gentileza, querido, mas eu nunca tenho problemas na I-90, então não se preocupe com isso.

— O quê? perguntou Steve. Eu acabei de dizer que você tem que pegar a 202 ou vai encontrar um congestionamento. Você está ouvindo? Patti, apenas chegue aqui o mais rápido possível. Não quero ficar esperando aqui depois que a reunião terminar. Não vejo a hora de chegar em casa, então pegue a 202. Ela tem menos trânsito, e, além disso, eles estão fazendo algumas obras na I-90. Os fatos falam por si só.

— Ó, lembre-me de lhe contar sobre a minha conversa com a Tina hoje. Você vai adorar esta.

— Patti, podemos falar sobre tudo isso quando você chegar aqui. Apenas chegue aqui o quanto antes. E pegue a 202!

— Stevie, estou saindo agora mesmo; te amo.

Aqui está um casal nas extremidades opostas da Escala de Influência. Steve influencia com fatos enquanto Patti é só sentimentos. "Fatos, bobagens" é a atitude dela. Ela é espirituosa em vez de analítica. Ela é otimista em vez de objetiva. Patti é amante da diversão, a vida da festa. O seu fator de insegurança? Perder a aprovação dos outros — especialmente de Steve.

Mas, de modo inconsciente, é exatamente o que ela faz nesse caso.

— Oi, querido, está esperando há muito tempo? — Patti pergunta enquanto aproxima o carro do meio fio onde Steve está de pé com a sua maleta na mão. —Você tem que ver as novas luzes no túnel — elas são incríveis!

Steve resmunga ao entrar no carro.

— Como foi a reunião?

— Boa, Steve suspira.

— Eu comprei para você um café com leite duplo. Está aí no porta-copos.

Steve fica sentado em silêncio, com os olhos na estrada.

— Então, você não vai acreditar no que a Tina me disse esta manhã — diz Patti.

Ela dá um gole em seu café e espera uma resposta de Steve. Não há nenhuma.

— Você não quer ouvir sobre isso? — Patti pergunta.

— Para dizer a verdade, não.

— Steve, qual é o problema?

— Você sabe qual é o problema.

Fatos são coisas teimosas; e sejam quais forem os nossos desejos, as nossas inclinações, ou as ordens das nossas paixões, eles não podem alterar o estado dos fatos e das evidências.

John Quincy Adams

E você também. Steve expôs os fatos a Patti de forma clara como o dia. Ele queria que ela pegasse a rota mais rápida e não o deixasse plantado lá. Ele é um pensador crítico, que não é movido por emoções. Ele é analítico e racional. Ele não liga se as luzes no túnel são geniais ou se iria ganhar uma xícara de café. Isto é irrelevante diante do fato de que ele queria ser apanhado no horário, e que Patti precisava pegar a 202 a fim de fazer isso. E uma vez que ela não o fez, ele sente como se Patti não o ouvisse ou que não se importasse com a realidade do problema.

— Eu pedi para pegar a 202 para que você não se atrasasse. — Steve continua. — Em vez disso, você parou para comprar café e pegou a I-90. Você não entende.

— Querido, eu sei que muitas vezes você gosta de um café com leite depois de uma reunião como aquela, então pensei em lhe trazer um. Pensei que você ficaria feliz com isso.

— Tudo o que eu queria era chegar em casa. Eu lhe disse isso e disse como fazer, mas você simplesmente ignorou. Você simplesmente não ouve. Ou talvez seja porque você simplesmente não se importe. É isso?

Há uma longa pausa no carro cheio de tensão.

— Patti, você faz isso comigo o tempo todo. Eu lhe dou os fatos e você age como se nem me ouvisse. Agora eu perdi os dois primeiros turnos do jogo de beisebol dos Mariners.

Patti é atingida por um golpe em suas entranhas. Ela desapontou Steve e instantaneamente sente que perdeu a sua aprovação e confiança. Ela então se sente culpada e insegura. Ela está perdendo o que mais quer — o apreço e a aprovação de Steve por ter lhe trazido um café com leite. Isto se traduz em um salto importante em termos de ansiedade para Patti, e ela começa a chorar.

— Por que você está chorando? — Steve pergunta.

Patti enxuga os cantos de seus olhos com um lenço.

— Não estou bravo com você — diz Steve. — Eu só não entendo por que isso acontece.

Se o seu Fator de Insegurança É a Aprovação, Você Influenciará com Sentimentos

Isso já aconteceu com você? Você já sentiu como se a aprovação de seu cônjuge estivesse escapando por entre os seus dedos? Se a sua resposta for sim, você provavelmente o influencia com sentimentos em vez de fatos. E você mesmo é influenciado mais por sentimentos do que por fatos.

Você quer se divertir e não vai deixar que os fatos fiquem em seu caminho. E, como no caso de Patti, ocasionalmente os fatos podem nem mesmo ser registrados por você. Você não está tão consciente das informações objetivas quanto está da força emocional do momento. Por exemplo, você pode imaginar uma interação positiva — como levar um café com leite para o seu cônjuge — e começar a colocar esta intenção em prática sem medi-la contra os fatos objetivos (tais como o desejo principal que esta pessoa tem de que você seja pontual). Naturalmente, esta má interpretação dos fatos pode soar para o seu cônjuge como uma falta de atenção, e como uma evidência de que não se pode confiar em você. E, com o passar do tempo, isso começa a criar uma falta de confiança. Em outras palavras, aquilo que você deseja, aquilo que mais faz com que você se sinta seguro — ganhar a aprovação de seu cônjuge — se torna irreal porque a sua abordagem otimista e efervescente não lhe permite enxergar aquilo que o seu cônjuge deseja.

> *É mais divertido conversar com uma pessoa que não usa palavras longas e difíceis, mas, antes, palavras curtas e fáceis como: "Que tal almoçar?"*
>
> Pequeno Livro de Instruções do Pooh

Steve, por outro lado, não considera que ganhar a aprovação seja uma das suas principais necessidades de segurança. E, por esta razão, ele traz a inspiração racional e o pensamento crítico para dentro de toda a conversa. Não é provável que ele seja influenciado por um sentimento caloroso e vago, na mesma medida em que é influenciado por fatos frios e duros. Como resultado, ele pode ser bastante crítico e frio. Ele fará perguntas severas quando todos os outros estão tocados pela emoção. Ele convidará o ceticismo para substituir o entusiasmo. É por isso que ele começa a perder a confiança em Patti quando ela não confia nos fatos "preto e branco" do modo como ele confia. Mas então, é também por isso que Patti procura impregnar a vida dele com diversão de todas as cores.

Patti e Steve estão condenados a uma comunicação entrecruzada? Absolutamente não. Eles têm um enorme potencial para formar uma grande equipe nesta área, uma vez que ambos entendam o estilo do outro. Na verdade, este entendimento fará com que eles vejam o quanto são valiosos um para o outro. Patti precisa das perguntas lógicas de Steve, e Steve precisa da perspectiva descontraída de Patti.

Agora considere este mesmo tópico de conversa entre Ken e Judy, que são ambos mais aptos a influenciar um ao outro com fatos do que com sentimentos.

— Pode ser que caia a ligação do meu telefone celular, — diz Ken, — Eu preciso que você me apanhe mais cedo do que combinamos, então pegue a 202 e você economizará dez minutos.

— Você tem certeza? Já verificou o boletim do trânsito?

— Sim, a 202 é a sua melhor opção.

— Você verificou o boletim recentemente?

— Há cinco minutos.

— Tudo bem, acho que você está certo. Além disso, há uma obra em uma das pistas da I-90.

— Certo. Isso poderia ser uma verdadeira confusão.

— Estou saindo agora mesmo, querido.

Vê a diferença? Quem não veria? É difícil não notar a disparidade entre a abordagem negociadora criativa de Patti e a abordagem calma e lógica de Judy. Todos os fatos podem se alinhar, mas se não parece certo para uma pessoa cuja necessidade de segurança é ganhar a aprovação dos outros, ela coloca os fatos de lado. Uma vez que eles são otimistas por natureza, influenciam com inspiração em vez de introspecção.

Isso os torna um casal que combina melhor? Sim e não. Claro, eles podem ter menos discussões do que Steve e Patti quando se trata de como influenciam um ao outro, mas estão fadados a serem bastante opostos em uma das outras dimensões, como a maneira de lidar com os problemas. É um fato. Nenhum casal combinará perfeitamente em relação à maneira como resolvem os problemas, influenciam um ao outro e todas as outras dimensões que estamos prestes a explorar. Assim, a conversa de Steve e Patti pode parecer horrível em comparação com a de Ken e Judy, mas é somente porque estamos isolando um exemplo de como eles influenciam um ao outro.

Caso você esteja curioso, Les e eu costumamos influenciar um ao outro com sentimentos mais do que com fatos. Nós persuadimos um ao outro mais com entusiasmo e encorajamento do que com a lógica. Não negligenciamos totalmente a força racional ou a influência lógica, mas pelo fato de ambos acharmos a nossa segurança emocional na tentativa de ganhar a aprovação um do outro, os sentimentos superam os fatos quase todas as vezes. É assim que nós somos.

Vocês Estão permanentemente Ligados por Fatos ou Sentimentos

Vamos esclarecer algo que pode estar passando pela sua mente. As pessoas não escolhem ser influenciadas por fatos ou por sentimentos, da mesma forma que não escolhem ser baixas ou altas. O modo como somos influenciados faz parte da nossa composição. Embora tenhamos uma palavra em relação ao modo como influenciaremos o nosso cônjuge, não podemos fazer muito em relação ao que nos influencia neste processo.

Aprenda uma lição com George Banks, representado por Steve Martin, em uma comédia. Enquanto George narra a história, ficamos sabendo de sua ansiedade em torno das preparações e do enorme custo do casamento de sua filha. Sempre ciente da grande soma de dinheiro que está gastando, ele se mostra oscilante à beira de uma fúria maníaca. Quando descobre que a recepção custará cerca de quinhentos reais por pessoa, George finalmente perde a cabeça sentindo uma enorme ira. Em uma missão para sua esposa, George se encontra no corredor de um supermercado e abre uma embalagem de pães de cachorro-quente. Um rapaz do estoque olha intrigado e educadamente pergunta:

— Me desculpe senhor. O que o senhor está fazendo?

George grita:

— Eu vou dizer o que estou fazendo! Eu quero comprar oito pães de cachorro-quente e oito salsichas para acompanhar. Mas ninguém vende oito

> *Para sermos persuasivos, devemos ser confiáveis. Para sermos confiáveis, devemos ser verossímeis. Para sermos verossímeis, devemos ser exatos.*
>
> Edward R. Murrow

pães de cachorro-quente. Eles só vendem doze pães de cachorro-quente! Assim eu acabo pagando por quatro pães de que não preciso! Então estou tirando os pães supérfluos!

— Desculpe, senhor, — disse o rapaz com calma — mas o senhor terá que pagar por todos os doze pães. Eles não são vendidos separadamente.

George diz:

— Sim, sabe por quê? Porque algum mandachuva na empresa de salsicha se reuniu com algum mandachuva na empresa de pão e ambos decidiram extorquir o público americano, porque eles acham que o público americano é um bando de estúpidos confiáveis que pagará por coisas de que não precisam em vez de fazer um escândalo! Bem, eles não irão mais extorquir os estúpidos, porque eu não vou pagar mais por alguma coisa de que não preciso! GEORGE BANK ESTÁ DIZENDO NÃO!"

Mais tarde, quando a filha de George, Annie, cancela o casamento, ele tenta consolar o seu futuro genro, explicando que Annie herdou a sua tendência de explodir por coisas pequenas. George explica: "Annie vem de uma longa descendência de grandes exagerados... Eu, com certeza: posso enlouquecer. Minha mãe... era uma maluca. Meu avô... as histórias sobre ele eram legendárias".

De repente, George tem uma epifania: "Foi quando me dei conta: Annie é igualzinha a mim".

É provável que a sua tendência permanente de ser mais influenciado pelos fatos ou pelos sentimentos tenha sido geneticamente transmitida por sua família. Está em sua ligação permanente. E é exatamente por isso que entender a ligação permanente do seu cônjuge nesta dimensão é vital para melhorar a sua comunicação.

Influência por Sentimentos

Diz: "Confie em mim. Vai funcionar muito bem".

Pontos fortes: Otimista, amigável, extrovertido e inspirador.

Sob estresse torna-se: Impulsivo e não realista.

Em conflito torna-se: Pobre para ouvir, e pouco confiável.

Influência por Fatos

Diz: "Olhemos para todas as evidências".

Pontos fortes: Realista, lógico, reflexivo e calmo.

Sob estresse torna-se: Pessimista e introspectivo.

Em conflito torna-se: Cético e não comunicativo.

E quanto a você e seu cônjuge? Mais uma vez, você já pode ter uma idéia muito boa sobre onde cada um de vocês se posiciona, mas iremos lhe mostrar isso precisamente em apenas alguns momentos. Também lhe forneceremos dezenas de maneiras práticas de melhorar as suas conversas, uma vez que você entenda com precisão como cada um de vocês tende a ser mais influenciado. Em seguida, porém, dedicaremos a nossa atenção à terceira pergunta importante para decifrar o código do seu estilo de conversa, para que você possa alcançar a Conversa de Amor.

capítulo sete

Como Você Reage às Mudanças?

Com Resistência ou Aceitação

Deus me conceda a serenidade para aceitar as coisas que não posso mudar, a coragem para mudar as coisas que posso, e a sabedoria para saber a diferença.
Reinhold Neibuhr

— Tenho que comprar um pouco de leite no supermercado antes de irmos para casa — disse a Les enquanto estávamos andando de carro.

— Tudo bem, preciso dar um pulo no escritório e pegar a minha correspondência de qualquer forma — ele respondeu.

— Por que você não faz isso depois de deixar eu e os meninos em casa? Jack está morrendo de fome.

— Só vai levar um segundo. Olha! — Les se interrompeu e apontou para o outro lado da rua. — Aquele é o supermercado novo que estava anunciado no jornal ontem.

— O que você está fazendo? — perguntei enquanto Les mudava de faixa e começava a fazer uma conversão inesperada.

— Estou voltando para aquele supermercado.

Ele disse isso com uma energia violenta e agitação em sua voz.

— Preciso fazer um retorno.

— Não, não. Eu quero ir ao *Wal Mart* perto da nossa casa, protestei.

— Por quê? Isso será divertido. Disseram que haverá um cara tocando piano lá dentro enquanto você faz compras, e aposto que eles estão distribuindo amostras grátis de comida. As crianças vão adorar, e eu quero ver do que se trata todo este barulho.

— Por favor, não. Este não é o momento. Eu preciso ir ao *Wal Mart*, sei exatamente onde está tudo o que precisamos comprar.

— Vamos, você vai gostar — Les disse enquanto entrava no estacionamento.

— O *Wal Mart* é melhor. Eu conheço os funcionários de lá e queria dizer "oi" para a Teresa.

— O quê?

— Acho que o aniversário dela é esta semana — respondi.

— Você está brincando comigo, não é? Você sabe quando é o aniversário da funcionária do caixa?

— Ela é sempre muito prestativa comigo. Falando sério, eu prefiro dar um pulo no *Wal Mart*. Este lugar parece um zoológico.

— Tudo bem, já que nós estamos aqui, deixe-me dar só um pulinho rápido com John e então daremos uma parada no *Wal Mart*.

Les sai do carro com o nosso filho de seis anos todo animado e ambos saem correndo atravessando o estacionamento, acenando para mim enquanto eu espero com o nosso bebê no carro.

Sou eu. Comparada com Les, eu nem sempre sou a que mais aceita mudanças. Sinto conforto no que é familiar. Tenho meus hábitos. Minhas rotinas. Quando se trata de mudar, sou mais resistente do que aceitadora. Mais previsível do que progressiva. Les, por outro lado, está de prontidão para aproveitar uma nova oportunidade. E se alguém aparece, ele muda de direção de repente.

"Pode ser que precisemos voar para Phoenix na próxima semana", ele pode anunciar sem aviso. Um telefonema pode mudar todos os seus planos. E se a oportunidade for boa, para ele estará tudo bem. "Mike acabou de ligar", ele pode dizer, "e quer que nos encontremos com a sua equipe em tal lugar... — não é ótimo?"

Naturalmente, esta notícia me lança a um giro completo — não importa quão grande seja a oportunidade. *E os nossos meninos?* Eu penso. *Isso significa que vou perder o meu pequeno grupo? Combinei um almoço com a Tami na próxima semana. E eu estava ansiosa por sairmos juntos à noite, só nós dois.* Enquanto o primeiro impulso de Les para a mudança é a aceitação, o meu primeiro impulso é a resistência.

A maneira como você e seu cônjuge reagem a mudanças causa um enorme impacto sobre a conversa de vocês. Saiba você ou não, boa parte da sua conversa diária baseia-se nas mudanças. Brigar com um calendário é um grande exemplo. Pense em todas as conversas que você tem com seu cônjuge sobre como você gasta ou não gasta o seu tempo. Você manterá o seu encontro na noite de quinta-feira, agora que um novo prazo de entrega surgiu no trabalho? Você mudará a data de sua ida à praia, agora que há uma previsão de chuva para à tarde? Além de seu calendário, a mudança consome suas conversas quando você negocia tais coisas como se vai ao seu restaurante "habitual" ou algo diferente, se compra um carro novo, se renova a assinatura de uma revista, se dispõe os seus móveis de outra forma, se troca de companhia telefônica nas ligações de longa distância, e assim por diante.

> *Qualquer mudança, mesmo uma mudança para melhor, é sempre acompanhada de desvantagens e desconfortos.*
>
> Arnold Bennett

Negociar mudanças é um dos quatro grandes tópicos de conversa com que todo casal se depara. E por esta razão, é essencial que você considere se um dos dois ou ambos prezam a lealdade como uma das suas maiores necessidades de segurança emocional. Porque uma vez que você entender como cada um de vocês reage a mudanças, muitas de suas conversas serão muito mais suaves.

Se a sua Necessidade de Segurança for a Lealdade, Você Será Resistente às Mudanças

Alguns anos atrás, a Bayer Corporation parou de colocar algodão no topo de seus frascos da "Aspirina Genuína Bayer". A empresa percebeu que a aspirina seria bem contida sem os irritantes chumaços brancos, que ela havia incluído desde 1914. "Concluímos que não havia realmente nenhuma razão para manter o algodão, exceto pela tradição", disse Chris Allen, vice-presidente de operações técnicas da Bayer. "E apesar do fato de não ser necessário, e, na verdade, de tornar mais difícil chegar até a aspirina, ainda recebemos reclamações porque algumas pessoas não gostam de mudanças".

Sei exatamente o que ele quer dizer. Eu (Leslie) tenho a tendência de resistir a mudanças. Prefiro o devagar e firme. Na verdade, não ligo para algodão no meu frasco de aspirina, mas realmente amo a tradição. Por quê? Porque ela tem a ver com um dos meus grandes fatores de insegurança — perder a estabilidade que vem através da lealdade. Sou leal aos meus amigos, aos meus colegas, à minha igreja e ao meu marido. A consistência leal faz com que me sinta segura. Para mim, as amizades são para sempre. Não estou disposta a testar os meus relacionamentos. Se eu sou sua amiga, você me tem para todas as situações, quer você goste quer não. E esta profunda necessidade de segurança se traduz pela lealdade em quase todas as áreas — até mesmo no supermercado em que faço compras. Tenho certeza de que isso parecerá tolice se você não tiver esta necessidade; mas se tiver, saberá exatamente o que eu quero dizer.

Naturalmente, a minha lealdade, combinada com a minha elevada necessidade de aprovação (e, portanto, a minha inclinação a ser influenciada pelos sentimentos), pode me levar a testar um novo supermercado ou mesmo pegar um vôo inesperado para Phoenix. Afinal, sou leal a Les, e se ele quer aproveitar uma oportunidade, é provável que eu o apóie. No final. Mesmo assim, em meu íntimo, sou resistente a mudanças embora Les tenha sucesso nisso.

O lado negativo de resistir a mudanças é ilustrado poderosamente por James Belasco em seu livro *Teaching the Elephant to Dance* (Ensinando o Elefante a Dançar). Ele descreve como os treinadores acorrentam os jovens elefantes com correntes pesadas a estacas profundamente encravadas; é assim que eles aprendem a permanecer no mesmo lugar. Elefantes mais velhos e poderosos nunca tentam partir — embora tenham a força para arrancar a estaca e sair andando. O seu condicionamento limita os seus movimentos. Com apenas um pequeno bracelete de metal em torno de um de seus pés, eles ficam no mesmo lugar.

Como elefantes poderosos, às vezes ficamos presos por contenções e condicionamentos prévios. A declaração: "Sempre fizemos desse jeito" pode ser tão limitadora para o progresso de um casal quanto uma corrente solta em torno do pé de um elefante. Afinal, às vezes a mudança é necessária. Ela é saudável. Uma promoção ou um emprego novo requer mudança, como também uma chance para que seu filho progrida indo para uma escola diferente. O progresso requer mudanças. Deixar passar uma boa oportunidade queimará até às cinzas de todo o potencial que você tem para realizar um sonho. Assim como a pessoa que aceita mudanças pode se queimar por uma oportunidade que nunca se concretiza, a pessoa que é resistente a mudanças pode se tornar paralisada pela indecisão.

> *Nenhum de nós sabe qual será a próxima mudança, que oportunidades inesperadas estão bem na esquina só esperando alguns meses ou alguns anos para mudar todas as tendências de nossa vida.*
>
> Kathleen Norris

Às vezes um relacionamento inabalável torna-se estagnado por causa da resistência a mudanças de um dos companheiros. "Se você não for comigo consultar um conselheiro, eu vou embora". Esta é a ocasião em que o casal entra em um espaço assustador, quando a profunda necessidade de lealdade por parte da pessoa resistente é ameaçada em sua essência — quando sentem que podem perder tanto a lealdade como o comprometimento do cônjuge de uma só vez. Até mesmo o elefante condicionado mudará neste ponto. Quando a tenda do circo pega fogo, e o elefante vê as chamas e sente o cheiro de fumaça, ele se esquece do seu velho condicionamento e corre para salvar a própria vida.[1]

Não é necessário que um casal chegue a este ponto. Mesmo quando o principal fator de insegurança de um dos cônjuges for a perda da lealdade, é possível aprender os princípios da Conversa de Amor para navegar até mesmo nos terrenos mais difíceis. Mostraremos como no capítulo 9.

A Única Mudança que É sempre Bem-Vinda

Não importa o quanto uma pessoa seja resistente a mudanças, um tipo específico de mudança é sempre bem-vinda. É o tipo de mudança que leva à lealdade. Em vez de ameaçar a necessidade de segurança emocional de uma pessoa, este tipo de mudança na verdade a fortalece.

Considere Melvin Udall, o autor rude, obsessivo-compulsivo, representado por Jack Nicholson no filme *Melhor É Impossível*. Melvin ofende a todos que encontra. Por exemplo, o filme começa com este ator atirando o cachorro do vizinho pela calha da lavanderia do exclusivo prédio de apartamentos onde mora.

Mas Melvin fica gostando de Carol Connelly, uma garçonete representada por Helen Hunt. Ela o viu em seus piores momentos, mas relutantemente concorda em encontrá-lo em um restaurante chique para conhecê-lo melhor. Carol chega ao restaurante e sente-se obviamente desconfortável, enquanto os garçons a servem de todas as maneiras possíveis. Enquanto os outros clientes do restaurante estão vestidos de modo impecável, Carol usa um simples vestido vermelho.

Melvin vê Carol e acena para ela de sua mesa. Quando ela se aproxima, ele dá um golpe extremamente baixo. "Este restaurante!", exclama. "Eles me fazem comprar um traje novo e deixam você entrar usando um vestido de casa." Ela fica abalada e magoada, contudo, não vai embora.

Em vez disso, ela olha Melvin nos olhos e diz: "Me faça um elogio, Melvin. Eu preciso de um agora".

Melvin responde: "Eu tenho um grande elogio". O que ele poderia dizer para desfazer o comentário impensado que havia acabado de proferir? Ele então apresenta uma das frases mais românticas da história do cinema. Este homem profundamente imperfeito, que era o seu próprio pior inimigo, olha para Carol com toda a bondade e sinceridade que o seu coração apertado pode exibir, e diz: "Carol, você me faz querer ser um homem melhor".

Este é o tipo de mudança que todos nós recebemos bem — quer sejamos cautelosos ou espontâneos. Mudar as maneiras de alguém para se tornar uma pessoa melhor, afasta até mesmo a resistência mais forte a mudanças, porque gera a devoção e cultiva o compromisso. E, naturalmente, estas qualidades são como música aos ouvidos de todo casal.

O que Resiste a Mudanças

Diz: "Vamos manter as coisas do jeito que elas estão".

Pontos fortes: É estável, leal, trabalha em equipe e é metódico.

Sob estresse torna-se: Lento e inflexível.

Em conflito torna-se: Teimoso e mal-humorado.

O que Aceita Mudanças

Diz: "Vamos tentar algo novo".

Pontos fortes: Animado, progressivo, espontâneo e flexível.

Sob estresse torna-se: Enérgico e agitado.

Em conflito torna-se: Distraído e impulsivo.

> *Algumas pessoas preferem mais a certeza da tristeza, do que a tristeza da incerteza.*
> Virgínia Satir

E você? Você costuma dizer: "Vamos manter as coisas do jeito que estão", ou "Vamos tentar algo novo"? Você aborda a mudança da mesma maneira que o seu cônjuge? Talvez, como nós, um de vocês seja resistente e o outro aceite mudanças. Mais uma vez, você provavelmente já tem uma idéia de onde vocês dois se encaixam nesta massa contínua. Mas queremos mostrar com precisão exatamente onde você está e então lhe dar as ferramentas específicas para negociar as mudanças juntos, de forma bem-sucedida. Antes de fazer isso, porém, temos mais uma pergunta para você considerar. E esta última pergunta, como as anteriores, lhe trará para mais perto de entender o seu estilo e desfrutar a Conversa de Amor.

capítulo oito

Como Você Toma Decisões?

Cautelosa ou Espontaneamente

Podemos evitar fazer escolhas não fazendo nada,
mas até mesmo esta atitude é uma decisão.

Gary Collins

Um casal estava comemorando o seu aniversário de 60 anos de casamento. Na festa, todos queriam saber como eles conseguiram permanecer casados por tanto tempo, numa época destas, quando tantos casamentos não conseguem sobreviver. O marido respondeu: "No início do nosso casamento fizemos um acordo. Eu tomaria todas as grandes decisões e a minha esposa tomaria todas as pequenas decisões. E em sessenta anos de casamento nunca precisamos tomar uma grande decisão".

Esta é uma maneira de abordar a sua tomada de decisão. Com certeza é engraçado, mas não é provável que o seu relacionamento se mova para a direção certa. Porque, na realidade, não é tão simples. É preciso que as duas pessoas decidam para onde estão indo como um casal, e é por isso que o que parece ser simples pode, na verdade, ser muito complexo. A maioria dos casais considera a tomada de decisão um dos aspectos mais torturantes de suas conversas. Como as três áreas anteriores (solução de problemas, influenciar um ao outro e reagir a mudanças), a tomada de decisão consome muitas horas de discussão para todos os casais. E determinar se você ou o seu cônjuge aborda a sua decisão cautelosa ou espontaneamente pode abrir uma riqueza de entendimento para cada um de vocês, tornando a conversa sobre as suas grandes e pequenas decisões muito mais fáceis.

Permita-nos começar a explorar esta área com você, revelando mais uma vez o que aprendemos pessoalmente sobre nós mesmos no processo de tomada de decisão.

Namoramos sete anos antes de nos casar. Ficamos casados por quatorze anos antes de termos o nosso primeiro bebê. Pensa que lutamos com as nossas decisões? Você poderia dizer isso. Mas então, outra vez, você estaria apenas parcialmente certo. A verdade é que somos às vezes bastante cautelosos na nossa tomada de decisões e às vezes bastante espontâneos, uma vez que temos abordagens moderadamente divergentes como indivíduos neste processo. Les é menos convencional e de espírito livre em suas tomadas de decisão, enquanto eu sou mais convencional e prudente.

Deixe-me contar sobre o nosso noivado. Eu tinha quatorze anos quando começamos a namorar e, como eu disse, namoramos por sete anos antes de nos casarmos. Nunca rompemos em todo este tempo — não até ficarmos noivos. Vou deixar Les assumir a partir daqui.

"Precisamos conversar" — duas das palavras mais intimidantes no vocabulário de um casal. Assim que ouvi Leslie pronunciá-las, sabia que algo grande estava se formando. Estávamos noivos há três meses e faltavam seis meses para o nosso casamento. Suas palavras, embora pronunciadas suavemente, caíram com uma pancada sobre o meu coração.

Ela falava sério e eu estava morrendo de medo. Não me lembro exatamente como o drama se desdobrou — está tudo um pouco obscuro na minha mente agora — mas consigo me lembrar de estar em uma situação de choque total quando ela me disse que precisávamos de "tempo".

— Tempo?! — gritei. — Eu darei a você todo o tempo de que precisa — só me diga que ainda vamos nos casar.

— Não posso fazer isso. — Leslie começou a chorar.

Eu chorei também.

— Do que se trata tudo isso? — supliquei. — Pensei que tudo estava indo bem.

— Está indo bem, mas é que preciso saber com certeza que estou tomando esta decisão tanto quanto você — ela disse.

Eu não poderia ficar mais arrasado. Mais chocado. Com o coração mais partido. Romper? Nós? Como seria possível? Se eu não sabia antes, agora sabia: o amor machuca. É uma rota tortuosa encontrar o amor duradouro. Naturalmente, Leslie e eu reatamos, e o casamento aconteceu como planejado. Mas nos seis meses que ficamos separados, eu nunca tinha me sentido tão sozinho.

Se a Qualidade É a sua Necessidade de Segurança, Você Tomará Decisões com Cautela

E eu (Leslie) nunca senti tanta necessidade de ter certeza de que a minha decisão de me casar, mesmo depois de todos os nossos anos de namoro, era a certa. O casamento não é apenas uma decisão enorme; eu também tenho uma forte necessidade de segurança de atingir padrões de qualidade. Isso faz com que eu agonize sobre algumas decisões, muito mais do que Les. Tenho a tendência de pesar os prós e os contras de várias idéias, e raramente me comprometo ou declaro as minhas intenções até ter feito isso.

> *O cauteloso raramente erra.*
>
> Confúcio

Vamos dar um exemplo que é menos emocional e pesado do que casar ou ter um bebê, mas que também é importante. Considere comprar uma casa ou decidir onde morar. Alguns anos atrás, quando um corretor de imóveis estava nos mostrando propriedades em Seattle, achamos um terreno perto de um campo de golfe pelo qual nós dois nos apaixonamos. Havia trilhas naturais por perto, um vislumbre das montanhas. Era deslumbrante. Les estava pronto para fazer uma oferta. Eu não. Adorei a propriedade, mas precisava pensar sobre como viver ali iria confrontar alguns aspectos importantes: Que escolas os meus filhos iriam freqüentar? Como seria o relacionamento com os nossos amigos?

— Você não acha que é melhor pensar sobre este negócio? — perguntei a Les.

— Eu sei que podemos fazer dar certo — ele respondeu. — É mais longe do aeroporto, mas onde mais você encontrará um terreno como este? Ele é ótimo. Acho que devemos comprá-lo antes que outra pessoa o compre.

— Simplesmente não sei. Eu adoro o terreno, mas ele pode mudar a qualidade de vida dos nossos filhos. Eles não vão conseguir estudar no Kings, e se conseguirem seria uma tremenda viagem todo dia para eles. E mudará o nosso círculo social. Teríamos que ir a uma igreja diferente.

Você entende. Sou apenas mais cuidadosa e cautelosa sobre tomada de decisões do que Les. Ele assume mais riscos do que eu. Ele também é menos convencional, mais pioneiro e mais independente em sua tomada de decisão. Sou mais conformista; é mais provável que eu siga as regras e faça a coisa certa da maneira correta. Se o convite para um jantar diz para chegar às 19:00 horas, isto é o que eu pretendo fazer. Não Les. Ele pode decidir parar para lavar o carro no caminho para o jantar, e se atrasar dez minutos. Não é grande coisa para ele. Enquanto eu me sinto compelida a seguir as regras e procedimentos e me sinto culpada quando não faço isso, Les vê as regras como diretrizes, meras sugestões para fazer com que ele chegue ao seu objetivo. Ele prefere "empurrar envelope", dobrar as regras e pedir desculpas em vez de permissão. Ele telefonará para alguém tarde da noite se precisar falar com esta pessoa, enquanto eu jamais sonharia em arriscar a possibilidade de acordar alguém. Seja a decisão grande ou pequena, importante ou não, eu sou mais cautelosa, e ele é mais espontâneo.

Vigiando o Padrão de Qualidade

Se ambos em um relacionamento tomam decisões de forma cautelosa, eles tendem a ter menos conversas turbulentas sobre o que fazer quando estão parados em uma encruzilhada. Na verdade, eles irão avaliar cuidadosamente as suas opções juntos, e compartilharão sua preocupação comum para tomarem a decisão certa da maneira correta. Mesmo assim, isso não assegura que a decisão deles sempre será a melhor (eles podem perder uma oportunidade enquanto estão avaliando as opções). Por outro lado, se duas pessoas em um relacionamento tomam decisões de forma espontânea, eles podem agir juntos rapidamente, mas isso não significa necessariamente que terão menos brigas. Afinal, a espontaneidade deles pode levá-los a tomar decisões custosas das quais posteriormente poderão se arrepender, ou pode ser que cada um queira tomar uma decisão diferente da de seu cônjuge.[1]

Considere um exemplo de tomada de decisão espontânea no mundo da aviação. Chuck Yeager, o famoso piloto de testes, estava voando em um F-86 Sabre sobre um lago nas Sierras. Durante um rolamento lento, ele de repente sentiu o seu aileron travar. Yeager diz: "Era um momento perigoso, eu estava voando a cerca de 46 metros acima do chão e de cabeça para baixo".

Um piloto menos experiente poderia entrar em pânico, e isso poderia trazer resultados fatais. Mas Yeager se apoiou na força G e empurrou o nariz do avião para cima, e, claro, o aileron destravou. Yeager sabia que três ou quatro pilotos haviam morrido sob circunstâncias semelhantes, mas até aquela data, os investigadores estavam confusos quanto à fonte do defeito fatal do Sabre. Yeager foi até o seu superior com um relatório, e os inspetores foram trabalhar. Eles descobriram que um parafuso no cilindro do aileron havia sido instalado de cabeça para baixo.

No final, a fonte do defeito foi encontrada em uma fábrica norte-americana. Foi identificado um homem idoso na linha de montagem que ignorou instruções sobre como inserir o parafuso, porque ele sabia que os parafusos deveriam ser colocados com a cabeça para cima, e não para baixo. Em um triste comentário, Yeager diz que ninguém jamais disse ao homem quantos pilotos ele havia matado.[2]

Este é um exemplo dramático, mas explica bem o nosso objetivo. Precisamos de regras que reforcem um padrão de qualidade. Precisamos considerar cautelosamente as nossas decisões. É por isso que aquele que toma decisões de forma espontânea precisa respeitar e honrar o seu cônjuge mais cauteloso. E teremos algumas sugestões específicas para vocês no próximo capítulo, se nenhum de vocês dois for muito cauteloso.

O que Toma Decisões Cautelosamente

Diz: "Ainda não tenho certeza".

Pontos fortes: Consciencioso, de elevados padrões e preciso.

Sob estresse torna-se: Age com exatidão e é perfeccionista.

Em conflito torna-se: Indeciso e inflexível.

O que Toma Decisões Espontaneamente

Diz: "Vamos nessa".

Pontos fortes: Ousado, decisivo e independente.

Sob estresse torna-se: Controverso e insensível.

Em conflito torna-se: Imprudente e excessivamente confiante.

Então perguntaremos mais uma vez. E você e seu cônjuge? Você prontamente se encaixa em um destes campos quando se trata de tomar decisões? Você está em algum ponto entre a precaução e a espontaneidade? Bem, está na hora de descobrir — não só sobre a sua inclinação quanto à tomada de decisões, mas sobre as outras três perguntas também. Mostraremos como você pode identificar com precisão onde cada um de vocês se encaixa nas quatro situações que descrevemos, e como melhorar a sua comunicação juntos, uma vez que vocês entendam isso.

capítulo nove

Seu Estilo de Conversa Único

Falando do Indicador de Conversa de Amor

Além dos pares de opostos dos quais o mundo consiste,
novas inspirações começam.
Hermann Hesse

Tenhamos certeza de que você vê claramente como o seu fator de insegurança pessoal tende a influenciar as suas respostas para as quatro perguntas que acabamos de abordar nos capítulos anteriores — as perguntas que determinam o seu estilo de conversa.

Se o seu principal fator de insegurança for a perda de...

- tempo — você estará mais propício a resolver os problemas agressiva em vez de passivamente.
- aprovação — você influenciará com sentimentos em vez de fazê-lo com fatos.
- lealdade — será mais resistente a mudanças do que a aceitá-las.
- qualidade — você tomará decisões cautelosa em vez de espontaneamente.

Naturalmente, a chave é responder *com exatidão* as perguntas que fizemos. Você, sem dúvida alguma, tem uma opinião sobre onde você se encaixa em cada uma delas, mas precisamos mais do que uma opinião para realmente podermos ajudá-lo. Além disso, garantimos que você não se encaixa simplesmente em um ou outro extremo em cada uma dessas perguntas (o seu principal fator de insegurança determina quão próximo do extremo você está em qualquer uma delas). Você pode estar quase no meio, por exemplo, entre agressivo e passivo na situação de solução de problemas. Você pode resolver um problema agressivamente em uma situação e passivamente em outra. Você pode ser moderadamente agressivo ou moderadamente passivo. O mesmo é verdadeiro para cada uma dessas perguntas.

E não só isso, o seu estilo de conversa é tremendamente influenciado pela maneira como as quatro situações interagem. Por exemplo, eu (Leslie) já lhe disse que tenho uma forte necessidade de consistência leal. Este é um valor poderoso para mim. O previsível faz com que eu me sinta segura. Mas também tenho uma forte necessidade de segurança em ganhar a aprovação dos outros. Na verdade, esta necessidade freqüentemente vence a minha necessidade de previsibilidade. Portanto, não sou sempre tão resistente a mudanças como você poderia pensar. Visto que eu quero que as pessoas — especialmente Les — gostem de mim e me aprovem, posso ser muito espontânea quando isso não interfere nas minhas lealdades mais preciosas.

> *Esta comunicação do ego*
> *de um homem ao seu amigo*
> *opera dois efeitos contrários;*
> *ela redobra a alegria,*
> *e corta a tristeza em duas.*
>
> Aristóteles

Parte 3

Desfrutando a Conversa de Amor

Parabéns. Vocês acabaram de descobrir maneiras específicas e pessoais de se comunicar um com o outro. Com este novo entendimento vocês estão a ponto de apreciar tudo o que a Conversa de Amor tem para dar. Assim, nesta seção final do livro, levamos as suas novas percepções a um nível mais profundo, começando com o segredo para a conexão emocional. Se você não aprender, o fato de apenas conhecer os seus estilos de falar fará pouca diferença. Nós ajudaremos vocês a aplicar seus estilos de conversa às diferenças entre os sexos, à prática de escutar com o terceiro ouvido, ao paradoxo de cada relacionamento, e, finalmente, à conversa mais importante que você já teve.

capítulo dez

O Ajuste Fino da Conversa

O Segredo para a Conexão Emocional

Uma boa cabeça e um bom coração são sempre uma combinação formidável.
Nelson Mandela

Senhoras e senhores, apanhem as suas calculadoras. De acordo com um estudo da Universidade de Washington, o casamento pode agora ser reduzido a uma equação — os pesquisadores alegam que podem "efetivamente quantificar a relação de interações positivas e negativas necessárias para manter um casamento em boas condições".[1] Eles descobriram que "casais satisfeitos, não importa quão diferentes os seus casamentos sejam em relação ao ideal, são aqueles que mantêm uma taxa de cinco para um entre os momentos positivos e negativos".

Quando eu e Leslie vimos esta pesquisa pela primeira vez, eu soube imediatamente o que fazer. Em nossa cozinha, dentro da despensa, encontra-se um quadro branco e um marcador de quadro que serve como "central de comunicação" em nossa casa, caso haja uma informação importante a ser transmitida entre nós. E isso me parece ser o local perfeito para organizar as nossas conversas. Eu queria testar a descoberta dessa pesquisa em nosso próprio casamento e ver como estávamos indo.

— O que é isso? — perguntou Leslie enquanto empurrava a porta da despensa para pegar uma lata de conservas. Ela estava olhando para o quadro onde eu havia escrito na parte de cima: "Conversa Boa / Conversa Ruim". Eu havia sublinhado as palavras e desenhado uma linha vertical de cima a baixo, bem no meio.

— É um lugar para medir a nossa taxa positivos/negativos — disse com uma expressão impassível.

— Dá um tempo — suspirou Leslie. — Você não pode estar falando sério. Você está maluco?

— Refleti por um momento, levantei da cadeira onde estava lendo o artigo e me aproximei do quadro. Tirei a tampa do marcador e escrevi.

— O que você está fazendo? — Leslie perguntou.

— Estou marcando esta interação como negativa.

Como você pode perceber, aquele foi o fim do meu mini-experimento. Portanto não se preocupe, pois não sugerimos que você comece a classificar e tabular as suas conversas. Mas recomendamos que utilize um dos componentes da Conversa de Amor que promete ampliar a sua taxa de momentos positivos sem que você tenha que fazer um acompanhamento. Nós o temos visto mudar permanentemente a maneira como centenas de casais falam entre si. E vimos a diferença que fez para nós.

A Anatomia da Conversa de Amor

No início desta semana fomos a uma cerimônia em homenagem ao Dr. Paul Brand, que faleceu aos oitenta e nove anos de idade. O aclamado autor Philip Yancey fez um tocante e eloqüente discurso fúnebre realçando a posição do Dr. Brand na comunidade médica: suas destacadas palestras por todo mundo, prêmios de prestígio, um procedimento para cirurgia de mão batizado com o seu nome, sua nomeação pela rainha Elizabeth II como Comendador da Ordem do Império Britânico. Mas após mencionar esses elogios, Philip devotou a maioria dos seus comentários à habilidade do Dr. Brand de equilibrar o seu elevado intelecto com a sua interminável gentileza e humildade.

> *A vossa palavra seja sempre agradável*
> Colossenses 4.6

Nos anos finais da sua carreira, as escolas de medicina de todo o mundo o convidavam para discorrer sobre a desumanização "high tech" (de alta tecnologia) e a medicina dos planos de saúde, para seus estudantes e futuros doutores. Brand expressava os princípios orientadores da sua carreira médica desta forma: "Os bens mais importantes que qualquer ser humano tem em seu espírito são a sua vontade de viver, o seu senso de dignidade, e a sua personalidade. Embora tecnicamente possamos estar preocupados com tendões, ossos e terminações nervosas, nunca podemos perder de vista a pessoa que estamos tratando".

Outros haviam voado a Seattle para o discurso fúnebre a respeito da vida e das contribuições do Dr. Brand. Mas foi um colega da área de cirurgia das mãos que melhor resumiu ao dizer: "Paul era um homem que praticava medicina com o seu coração bem como com sua cabeça; esta era a sua grandeza".

As duas palavras *coração* e *cabeça*, na mesma sentença, repercutiram em Les e em mim. Conhecemos Paul e sua esposa, Margaret, há poucos anos, mas mesmo na casa dos oitenta anos este raro modo equilibrado parecia óbvio. Por isso Les e eu olhamos um para o outro com um olhar de reconhecimento quando este homem fez esta afirmação. Pois é este equilíbrio delicado de coração e mente que forma a anatomia da Conversa de Amor.

Quando o ganhador do Prêmio Nobel da Paz Nelson Mandela disse: "Uma boa cabeça e um bom coração são sempre uma combinação formidável", poderia estar falando de relacionamentos íntimos. Um casal que se harmoniza nesta combinação poderosa descobre uma nova dimensão em suas conversas, uma nova maneira de se integrar.

Vamos deixar isso bem claro: Nossas *capacidades analíticas* envolvem nossa habilidade de *pensar*. Seu cônjuge está trabalhando em um orçamento que não fecha. Você oferece ajuda ao decompô-lo em causas e possíveis soluções. "Benzinho, você comprou alguma coisa que não foi registrada?", você perguntaria. "Há uma razão para nossa conta de eletricidade ter sido tão alta este mês?" Nós coletamos informações e racionalmente estudamos o problema para podermos resolvê-lo. É disso que trata a análise. Ela vem da mente e é baseada em fatos.

Nossa *capacidade de solidariedade*, por outro lado, envolve nossa habilidade de *sentir*. Vendo o seu cônjuge lutar com um orçamento que não fecha, você diz: "Sinto muito que as colunas dos cálculos não estejam fazendo sentido para você. Isso deve ser frustrante. Posso fazer alguma coisa por você?"

A solidariedade desperta os nossos sentimentos. Se o nosso cônjuge está sofrendo, sentimos a sua dor. Se ele está irritado com a companhia elétrica, sentimos sua frustração. A solidariedade vem do coração e é baseada em sentimentos.

Análise...	**Solidariedade...**
• Vem da mente	• Vem do coração
• É caracterizada pelo pensamento	• É caracterizada pelo sentimento

Qualquer que seja o seu estilo peculiar de conversar, esses são os ingredientes universais da Conversa de Amor. Sentimento. É simples assim? Bem, quase. Já ouviu dizer que alguma coisa pode ser maior que a soma das suas partes? Este axioma científico certamente se aplica à Conversa de Amor. Uma vez que você combinou pensamento e sentimento, mente e coração, você abriu a porta para a qualidade mais negligenciada em conversas significativas: Empatia.

Análise + Solidariedade = Empatia

Empatia é o ponto central da Conversa de Amor. Não importa como você responda às quatro questões que definem o seu estilo de conversa, nunca apreciará por completo o que a Conversa de Amor tem para oferecer até que se fixe na empatia.

A Essência da Conversa de Amor

Considere uma profissão. Qualquer profissão. Ensinar alunos da segunda série é um bom exemplo. Você pode aumentar a eficiência de uma professora fazendo-a andar de joelhos pela sua classe. Quando ela olhar o espaço da perspectiva de um aluno da segunda série, estará mais bem preparada para ensiná-los. Ou que tal servir em uma lanchonete? As maiores redes de lojas gastam montanhas de dinheiro enviando "falsos clientes" às suas lojas para vê-las da mesma maneira que os clientes. Empresas de propaganda, da Madison Avenue, ganham seu sustento colocando-se no lugar dos consumidores. As igrejas que crescem o fazem porque estudam a sensação de alguém que as visita pela primeira vez, e o pastor imagina como é sentar-se no banco da igreja. Os "membros do elenco" da Disney World são treinados especificamente para se identificarem com as famílias que visitam os seus parques temáticos.

Seja na medicina, nos negócios, na educação, seja no entretenimento, a *empatia* é um dos principais componentes do sucesso.[2] Mas ela é ainda mais essencial para o sucesso da comunicação íntima. Empatia — habilidade de ver com exatidão o mundo através dos olhos do seu cônjuge — é o que permite uma conexão profunda e significativa. Ela permite que você literalmente vivencie a experiência do seu cônjuge. É o que o poeta Walt Whitman estava insinuando em 1855 quando escreveu sua obra-prima, *Leaves of Grass* (Folhas da Relva): "Eu não pergunto como o ferido se sente; eu mesmo *me torno* o ferido".

Sem a empatia, a conversa se torna o equivalente a falar em um telefone celular através de uma transmissão intermitente, e um ouvido estático. Mas quando a empatia entra no jogo, a objetividade ressoa em cada sentença, em cada frase e em cada palavra, porque o seu coração está repercutindo as emoções enquanto a sua mente analisa a sua exatidão. Esta é a quinta essência da Conversa de Amor.

A empatia é o que permite que você veja com precisão o estilo de conversa do seu cônjuge — saber por que ele ou ela está resolvendo problemas de forma agressiva ou calmamente, decidindo com cautela ou espontaneamente, e tudo mais. *E o mais importante, a empatia é a sua principal ferramenta para compreender a mais alta necessidade de segurança emocional do seu cônjuge.* Quando você começa a perceber que o seu cônjuge teme principalmente perder a sua lealdade ou aprovação, por exemplo, a empatia lança você para uma nova estratosfera de compaixão e compreensão dele ou dela. A empatia, em outras palavras, prenuncia a graça.

> *Se existe um segredo para o sucesso, este é a habilidade de entender o ponto de vista da outra pessoa, e ver as coisas do ângulo dela, como do seu próprio.*
>
> Henry Ford

"A empatia mútua é o grande dom humano desconhecido", diz a psiquiatra Jean Backer Miller. Quando um homem e uma mulher se colocam um no lugar do outro misturando mente e coração, descobrem um entendimento profundo com que os outros apenas sonham. Pequenos problemas literalmente desaparecem do caminho quando o casal se concentra naquilo que, bem no fundo, realmente importa para ambos.

O efeito da empatia mútua no casamento e nos relacionamentos de namoro é incrível. A pesquisa mostrou que, por exemplo, 90 % dos nossos desentendimentos seriam resolvidos se não fizéssemos nada além de enxergar os problemas sob a perspectiva do nosso cônjuge. É por isso que a empatia é a essência da Conversa de Amor. Depois que vocês começarem a praticar essa habilidade inestimável apoiados nas suas observações sobre os seus estilos de conversação combinados, vocês se sentirão como dois mineradores de ouro que encontraram o filão principal. Vocês não vão acreditar nos resultados que irão alcançar.

Está bem, você diz, sabemos que a empatia é importante; então, por que ela é tão negligenciada? A empatia nem sempre é fácil, pois, como dissemos, exige a sua mente e o seu coração concomitantemente. A maioria de nós usa um ou outro muito bem, mas usar os dois pode ser complicado — e isso é exatamente o que a empatia exige.

Caso queira saber, você não é exceção. Se você está pensando que algumas pessoas não têm inclinação para a empatia e você é uma delas, e portanto escapou dessa, você está enganado. *Todos têm a capacidade para a empatia.* A menos que você seja um narcisista completo ou alguém fora dos padrões e sem consciência, você pode usar a sua mente e o seu coração para se colocar no lugar do seu cônjuge. Está provado. Desde o início alguma coisa na nossa própria natureza fornece condições para a empatia humana. Quando um recém-nascido alegre ouve outro bebê chorando, por exemplo, ele também começa a choramingar. Não é apenas o barulho, mas o som de um colega humano em angústia que dispara o choro do bebê.[3]

> *Somente quando entendemos por completo as opiniões e as atitudes que são diferentes das nossas, e as razões delas, é que entendemos melhor o nosso próprio lugar no esquema das coisas.*
>
> S. I. Hayakawa

Permita-nos enfatizar este ponto importante: Embora tanto analisar quanto solidarizar-se sejam importantes, nenhum deles chega aos pés da empatia — que toma emprestado o melhor de cada um. A empatia avalia a situação. Ela alivia o sofrimento do cônjuge cuidadosamente, antes de tentar curá-lo. Ela diz: "Eu sei como me sentiria se fosse você, mas não sou você, permita-me então entender". E o entendimento é a essência de um casamento ou de um namoro imerso na Conversa de Amor. A empatia coloca você no lugar do seu cônjuge e permite-lhe que veja o mundo como ele o vê — através das lentes do seu fator de insegurança pessoal. Impulsionada pelos motores duplos da sua mente e do seu coração, a empatia procura entender antes de ser entendida.

Um Rápido Exercício de Empatia

Gaste um minuto, agora, para mergulhar mais profundamente no mundo do seu cônjuge. Isso levará apenas cerca de dez minutos, e pode muito bem mudar para sempre a maneira como vocês vêem um ao outro.

Eis como funciona: Imagine tão claramente quanto consegue, como seria acordar amanhã de manhã como seu cônjuge. Você pode imaginar isso? Se você for casado, por exemplo, uma das primeiras coisas que você, sem dúvida, perceberia é que estaria dormindo no outro lado da cama. Se você estiver namorando, notaria que provavelmente está morando em uma parte diferente da cidade. Você consegue continuar a partir deste ponto? Estimulamos você a levar isso a sério; portanto, não pule para a próxima seção. Sabemos que isso pode parecer tolo, mas conduzimos centenas de casais através desta jornada imaginária e quase sempre eles saem dela com um novo apreço pelos seus cônjuges. Em uma ocasião quando estávamos fazendo isso em nosso próprio relacionamento, eu (Leslie) imaginei como seria se sentisse a pressão de ter que pagar as contas e equilibrar a contabilidade da nossa casa. Até este ponto, eu nunca havia pensado nisso. Era só "o trabalho de Les". Desde que imaginei como seria, tenho um apreço mais profundo por uma coisa que considerava como garantida.

Portanto, gaste apenas alguns momentos e imagine a vida ao longo de um dia como se fosse seu cônjuge. E enquanto faz isso, tenha em mente o fator que mais assusta o seu cônjuge. Se ele tem medo de perder tempo, meça cada passo que você dá ao longo do dia com esta necessidade de segurança em mente. Compare, então, as anotações de ambos, compartilhando a experiência. Aqui está um plano passo a passo que os ajudará a fazer exatamente isso.

Primeiro feche os seus olhos e veja-se, nos olhos da sua mente, como o seu cônjuge. Faça o melhor que puder para imaginar como seria estar na pele dele ou dela. Depois, considere um dia típico e faça a si mesmo as seguintes perguntas (seria bom você anotar algumas coisas para comparar os seus pensamentos com as anotações do seu cônjuge, mais tarde).

Em um dia típico, como seu cônjuge...

- A que horas você se levantou pela manhã e como dormiu? Como você se sente pela manhã, e por quê?
- Quanto tempo levaria para você se preparar para o dia? Você gastaria mais ou menos tempo na frente do espelho? O que você usaria?
- Quando você sairia de casa, se saísse? Quais seriam as suas atividades ao longo do dia?
- Com o que você se preocuparia em um dia típico? Quais seriam os seus possíveis pontos de tensão?
- O que lhe traria maior alegria ou satisfação durante um dia típico?
- Você teria pressões ou responsabilidades financeiras diferentes?
- Você comeria de maneira diferente? Faria exercícios? Sua preocupação com a aparência física seria maior ou menor?
- Iria sentir-se mais ou menos confiante?
- Como o fator de insegurança pessoal do seu cônjuge influenciaria as suas interações com os outros (incluindo você)?
- Como se sentiria ao final do dia ao se aprontar para o jantar? Em que estaria pensando?

- E como se sentiria em relação ao seu cônjuge (que seria você!)? O que você desejaria mais do seu cônjuge? Como você se comunicaria com ele (a)?

Parabéns por completar este questionário. Se você levou isso a sério, sem dúvida terá uma perspectiva nova e exclusiva da vida do seu cônjuge. Agora reserve alguns minutos para rever a sua experiência com o seu cônjuge. Se vocês fizeram anotações, comparem-nas entre si, e peça para que o seu cônjuge comente as suas anotações. Conversem sobre a maneira como vocês poderão viver daqui por diante.

Encontrando o seu Equilíbrio

Imagine-se mais de vinte metros acima do solo, em uma plataforma. Imagine-se agora dando um passo tendo apenas um fio metálico de meia polegada entre você e o chão. Bem vindo ao mundo das alturas. Há séculos, este espetáculo tem trazido a aclamação do mundo a vários "equilibristas da corda bamba", muitos dos quais fizeram seus nomes ao atravessar uma corda estendida sobre as quedas d'água do Niágara. Mas, de longe, o mais aclamado equilibrista é Phillipe Petit cuja travessia não autorizada entre as torres gêmeas do World Trade Center em Nova Iorque, em 1974, é lendária. Em seu livro *To Reach the Clouds,* Petit descreve sua ousada caminhada de mais de 400 metros acima do solo.

Como ele ou qualquer outra pessoa mantém esse equilíbrio enquanto caminha sobre uma corda tão fina? A resposta é encontrada na física simples. Para o artista das alturas, a corda é um eixo em torno do qual um centro de massa (o corpo do artista) pode girar. Se o centro de massa não estiver diretamente acima da corda, o artista começa a se desequilibrar e, se isso não for corrigido, ele certamente cairá.

O truque é ganhar mais tempo para corrigir o desequilíbrio. E *é* um truque. É chamado de "vara de contrapeso" e pode ter até doze metros, pesando até dezessete quilos. Esta vara fornece mais tempo para deslocar o centro de massa do equilibrista de volta à posição desejada sobre a corda. Quanto mais longa e mais pesada for essa vara, mais fácil é equilibrar-se, pois o artista pode deslocar essa vara de um lado para outro.

Dessa mesma maneira, você e eu podemos encontrar o equilíbrio entre a nossa mente e o nosso coração quando praticamos a empatia. A empatia é a vara de contrapeso da Conversa de Amor. Ela regula o quanto nos solidarizamos e o quanto analisamos. Quando começamos a resolver o problema sem levar em conta os sentimentos do nosso cônjuge, a empatia nos trás de volta ao meio termo sem causar um desastre no relacionamento. Quando nos arriscamos a sufocar o nosso cônjuge com uma sobrecarga emocional, a empatia nos faz retroceder e redimensionar a conversa. Em outras palavras, a empatia equilibra quanto falamos com o nosso coração e quanto falamos com a nossa mente. E este é um ato de equilíbrio do qual todo relacionamento pode se beneficiar.

O truque, naturalmente, é aprender a encontrar esse equilíbrio em seu relacionamento. E se vocês forem como nós e muitos outros casais, sabemos exatamente onde esse equilíbrio parece sair de controle. O problema, para a maioria, é bastante previsível. Na maioria das vezes, se você for o homem, o "Placar da sua Mente" é maior que o da sua companheira. Não se admire, se você for a mulher, de que o "Placar do seu Coração" seja maior do que o dele. Isto é verdade, não para todos, mas para a grande maioria dos casais, e é por isso que dedicamos o próximo capítulo a ajudar vocês, como homem e mulher, a caminharem sobre o abismo entre os sexos enquanto aprendem a carregar a vara de contrapeso da Conversa de Amor.

Os Homens Analisam, as Mulheres São Solidárias

Agora Faz Sentido

Sempre que pessoas de sexos diferentes se reúnem, é inevitável que ocorram tensões ao longo da linha que os separa.

Deborah Tannen

Quando homens e mulheres se referem a "conversar", podem não estar se referindo à mesma coisa. A teórica da comunicação Deborah Tannen relata um estudo no qual estudantes gravavam conversas casuais entre colegas homens e colegas mulheres. Era fácil conseguir a gravação das conversas entre as colegas mulheres, em parte porque o pedido para "gravar uma conversa com a sua amiga" recebia aprovação das amigas e da família das estudantes. Mas pedir aos homens para gravar conversas com seus amigos teve resultados ambíguos. A mãe de uma das mulheres concordou prontamente, mas o pai insistiu em que não conversava com os amigos.

—Você nunca fala com Fred ao telefone? — ela perguntou, citando um homem que sabia ser um bom amigo dele.

— Esporadicamente — disse ele. — Mas, se falo, é porque tenho algo a perguntar, e quando recebo a resposta desligo o telefone.

— O marido de uma outra mulher lhe entregou uma fita com grande satisfação e orgulho. — Esta é uma boa conversa — anunciou, — porque não somos apenas eu e ele jogando conversa fora, dizendo: "Oi, como vai? Outro dia assisti a um bom filme", e coisas do gênero. Estávamos resolvendo um problema. Todas as frases são importantes.

Quando a mulher escutou a fita, ouviu seu marido e o amigo tentando resolver um problema com o computador. Ela não só não a considerou como "uma boa conversa", como nem sequer a considerou uma conversa. A idéia dele de uma boa conversa era algo que tinha fatos e conteúdo concentrados em alguma tarefa. A dela era a de uma conversa que tivesse uma ligação emocional.[1]

E é assim que as coisas acontecem. Por séculos, sem dúvida, antes que o estudo sobre os sexos fosse sequer considerado, homens e mulheres têm ficado confusos com as habilidades de conversação um do outro. Mas uma coisa sobre a qual ambos os sexos concordam é o supremo valor da comunicação. Oitenta e dois por cento dos homens e 92% das mulheres dizem que uma comunicação aberta e regular é "extremamente importante" nos relacionamentos de casamento e namoro.[2] Por isso continuamos tentando.

Este capítulo é dedicado a ajudar vocês, como homem e mulher, a remover parte do mistério do abismo entre sexos. Pois mesmo quando vocês entendem o estilo de falar um do outro, este abismo continua existindo (embora o seu novo conhecimento realmente o diminua). Não garantimos resolver o antigo enigma dos sexos em apenas algumas páginas, mas pretendemos lhes dar alguma visão prática para prepará-los para desembaraçar as linhas de comunicação que muitas vezes se encontram cruzadas. Vamos explorar as nossas diferenças na conversação e expor o "erro fundamental de relacionamento entre os sexos", um erro que sempre lhe derruba. Depois, nós alternamos a revelação em detalhes do que homens e mulheres precisam saber sobre os seus respectivos cônjuges.

Então vamos começar pelo princípio com um fato óbvio: homens e mulheres são diferentes.

Somos Tão Diferentes?

Estou em frente à nossa geladeira com a porta aberta quando acontece o seguinte diálogo:

Eu: — Onde está a manteiga?

Leslie: — Está na geladeira.

Eu: — Estou olhando para dentro da geladeira e não tem manteiga.

Leslie: — Está aí. Eu a coloquei aí há apenas alguns minutos!

Eu: — Não estou vendo.

Leslie: — Está em um recipiente amarelo, daquele tipo que você aperta.

Eu: — Eu sei, mas ela definitivamente não está aqui.

Leslie vai direto ao refrigerador e aponta para a manteiga na segunda prateleira.

— Ah — eu digo. — Aqui está. Cadê a geléia?

Provavelmente você já teve esta mesma conversa. Pode ter sido sobre meias, sapatos, chaves do carro ou carteiras, mas todos nós já passamos por isso. Uma parte dos motivos é encontrada nas diferenças biológicas básicas entre homens e mulheres. O cérebro dos homens é pré-programado para ver em um campo muito mais estreito. O cérebro das mulheres decodifica informação em uma faixa periférica mais ampla. Por causa disso, os homens movem suas cabeças de lado a lado e de cima para baixo como se procurassem um objeto desejado. Com o seu arco de visão periférica maior, uma mulher consegue ver o conteúdo de uma geladeira ou armário sem movimentar a sua cabeça.

O importante é que as diferenças de sexo não sejam relegadas exclusivamente a como fomos criados quando crianças, e ao tradicional estereótipo da sociedade. As diferenças, as pesquisas estão descobrindo, são muito mais profundas.

Odiaria pensar que a tomada de decisão fosse uma prerrogativa masculina, ou que a sensibilidade de cuidar de crianças fosse algo estritamente feminino.

Alice Peterson

Quando se compara e contrapõe todas as diferenças entre os sexos no tocante à comunicação entre eles, e se tenta lhes dar sentido, você invariavelmente se arrisca a simplificar de modo excessivo.

Admitamos antecipadamente que corremos esse risco. Mas vale a pena.

Albert Einstein disse uma vez: "Torne tudo o mais simples possível, mas não simplifique demais". Este é o nosso objetivo neste capítulo. Assim, moderaremos as nossas analogias — não compararemos homens e mulheres como vindos de diferentes planetas, grupos alimentares ou espécies. Escolhemos, em vez disso, dizê-lo da forma que é: homens analisam, mulheres são solidárias (ou simpatizam). É simples assim — e ao mesmo tempo, complicado.

O cérebro dos homens e o das mulheres não são apenas diferentes, mas o modo como os utilizam difere dramaticamente. O neuropsicólogo Ruben Gur, da Universidade da Pensilvânia, utilizou testes de varredura de cérebro para mostrar que quando o cérebro de um homem está em estado de repouso menos de 30% de sua atividade elétrica está em funcionamento. A varredura de cérebros de mulheres mostrou 90% de atividade durante esse mesmo estado, confirmando que as mulheres estão constantemente recebendo e analisando informações do seu ambiente.[3]

Para a maioria das mulheres é extremamente óbvio quando outra pessoa está irritada ou se sentindo magoada, enquanto um homem tem que testemunhar fisicamente as lágrimas ou um acesso de ira antes que sequer tenha uma pista de que alguma coisa está errada. O que é comumente chamado de "intuição feminina" é principalmente a forte habilidade que a mulher tem de notar pequenos detalhes e mudanças na aparência ou no comportamento dos outros. E esta propensão aumenta a capacidade empática da mulher (seu fator de insegurança pessoal de não ser aceita pode intensificar essa capacidade).

Mas enquanto as mulheres têm quase um sexto sentido para detalhes, seu campo de visão se altera drasticamente no que se refere a entrar com um carro de marcha à ré em uma garagem. Calcular em movimento a distância entre o pára-choques e a parede da garagem é, afinal de contas, uma habilidade espacial localizada no hemisfério frontal direito nos homens — uma propensão que enriquece a capacidade analítica masculina.

As mulheres possuem conexões maiores e, subseqüentemente, "interferências" mais freqüentes entre o hemisfério esquerdo e o direito do seu cérebro. Isto explica a aparente capacidade das mulheres em terem melhores habilidades verbais e maior intuição nos relacionamentos do que os homens. Eles, por outro lado, possuem uma maior separação entre os hemisférios cerebrais, o que aumenta o raciocínio abstrato e a inteligência visual e espacial. O poeta e escritor Robert Bly descreve o cérebro das mulheres como tendo uma "super via" de conexões, enquanto os homens têm uma "pequena estrada tortuosa do interior".[4]

Grande coisa, você pode estar pensando. *Os homens analisam, e as mulheres se solidarizam. Como isso afeta a mim e ao meu cônjuge?* Que bom que você perguntou.

Como isso se Aplica a nós?

Se você avaliar a estratégia de comunicação do seu cônjuge de acordo com os seus próprios padrões, sem considerar as significativas diferenças sociais e biológicas entre os sexos, você omitirá as conexões mais profundas e mais significativas. Os casais sofrem interrupção de comunicação porque um tenta fazer com que o outro veja e diga coisas da mesma maneira — querendo que o cônjuge adote o seu estilo de conversa. É o que chamamos de erro fundamental do relacionamento entre os sexos: assumir que os desentendimentos entre eles têm a ver somente com a diferença de propósitos, e não com linhas psicológicas e biológicas cruzadas. Lembre-se, você e seu cônjuge não são apenas biologicamente diferentes, mas são também aparelhados com diferentes estilos de conversação que foram moldados pelos sexos.

Vamos considerar um evento clássico e rápido:

Ela: — Não sei como vou ajudar a minha mãe com aquela festa que ela está tentando dar. Tudo o que ela vai fazer é criticar a comida que eu levar.

Estilos de Conversa e os Sexos

No que se refere às quatro perguntas que determinam o seu estilo de conversa, duas delas mostram grandes diferenças entre os sexos: (1) como vocês resolvem os problemas e (2) como vocês influenciam um ao outro. (A maneira como vocês reagem às mudanças, e como vocês tomam decisões não mostram uma diferença significativa entre os sexos, pois há um numero quase igual de homens e mulheres que atingiram uma elevada pontuação em cada uma delas.)[5]

- Como Vocês Resolvem os Problemas? 64% dos homens tendem a resolver os problemas com agressividade (em comparação com a possibilidade de fazê-lo calmamente), enquanto apenas 36% das mulheres solucionam os problemas agressivamente.
- Como Vocês Influenciam Um ao Outro? 63% das mulheres influenciam seus companheiros através dos sentimentos e não dos fatos, enquanto apenas 37% dos homens assim o fazem.

Ele (acreditando que ela queira uma solução): — Por que não diz a ela que você não pode ajudar agora? Defina os limites com ela.

Ela (querendo apenas alguma compreensão): — Não é isso. Apenas me sinto como se ela sempre quisesse que eu fosse alguma coisa que não sou, no que se refere ao entretenimento.

Ele: — Você está me ouvindo? Simplesmente diga a ela que você não pode ajudar. Tire-a do seu pé.

Ela: — Você não entende.

A compulsão relativa ao homem é resolver os problemas da sua companheira. Quando uma mulher fala sobre os seus sentimentos, o homem assume que ela está procurando sua ajuda para encontrar uma solução. Como um bombeiro que recebe um chamado de incêndio, ele entra em ação, calculando rapidamente o que é necessário para apagar o fogo. Ele não recebe um chamado de incêndio e diz: "Que terrível! Deve estar muito quente. Acho que você está extremamente ansiosa, e estou triste porque as coisas estão tão quentes para você". É absurdo, certo? Naturalmente.

Mas parece absurdo, da mesma forma, para a maioria dos homens, ouvir uma mulher reclamar de um problema sem oferecer uma solução. Um homem não entende instintivamente que quando uma mulher fala sobre os seus sentimentos, não está procurando um conselho. Ela não funciona assim. Mas uma mulher que não entende o "erro fundamental do relacionamento entre os sexos", supõe que o seu companheiro conselheiro está sendo puramente impaciente com ela, que ele na verdade não a está ouvindo ou que não está interessado em entendê-la — exatamente como um homem que não entende este erro não percebe que o coração da sua companheira estaria cheio de apreço e amor por ele, se ele apenas respondesse com empatia e compreensão.

Fatores da Insegurança e os Sexos

- Mais homens (64%) do que mulheres (36%) identificam o controle do tempo como a sua necessidade de segurança emocional número um. Isso explica porque mais homens tendem a ser "maníacos por controle".

- Mais mulheres (63%) do que homens (37%) identificam a aprovação como a sua necessidade de segurança emocional número um. Isso explica porque mais mulheres sofrem da doença da "necessidade de agradar".[6]

Certo, entendi o problema, você diz para si mesmo. *Mas qual é a solução?* Isso depende de quem você for; uma mulher ou um homem. De qualquer maneira, há algumas coisas que você precisa saber. Por isso, permita-nos por um momento falar a cada um de vocês individualmente.

Somente para Mulheres

Se você é uma mulher, eu (Leslie) sei o que você provavelmente quer: uma conversa na qual o seu cônjuge confidencie as suas inseguranças, revele as suas emoções e compartilhe os seus sonhos. Cheguei perto? Bem, minha irmã, continue sonhando (até que você pratique a Conversa de Amor). Essas conversas de coração aberto são muito raras para a maioria dos casais. A razão por que você pode estar enfrentando problemas ao explorar as necessidades emocionais do seu companheiro é que ele não *quer* que você explore as suas necessidades emocionais. Eu sei, eu sei, é duro de acreditar, mas é verdade. Não estou dizendo que ele não sinta as coisas profundamente, mas, se ele for como a maioria dos homens, decerto não expressa as suas emoções de modo tão claro e imediato como você o faz. E quem pode culpá-lo? Ele foi criado dessa maneira. Um estudo recente descobriu que os pais e mães discutem as emoções (com exceção da raiva) mais com suas filhas do que com os seus filhos.[7] Como adultos, os homens tendem a possuir um vocabulário menor de sentimentos e bloquear as suas emoções.

Seria muita pena se as mulheres escrevessem como os homens, ou vivessem como os homens, ou se parecessem com os homens, pois se dois sexos parecem inadequados, considerando a vastidão e a variedade do mundo, como faríamos com apenas um?
Virgínia Woolf

O que importa é que não podemos querer que um homem identifique suas próprias emoções — deixando em paz as nossas emoções — tão rapidamente como nós, mulheres, o fazemos.

Enquanto você e eu somos mais propensas a falar sobre nossas inseguranças, sentimentos e experiências, os homens são mais inclinados a falar sobre idéias, conceitos e teorias. Os homens querem nos contar o que eles sabem. Eles usam a conversa para obter informações factuais, da mesma maneira que um antropólogo usa uma pá e um martelo para desenterrar um artefato. Os homens reúnem fatos, debatem opiniões, e resolvem os problemas através de uma conversa equilibrada. A socióloga Deborah Tannen chama este estilo abstrato de conversa masculina de "relatório".[8] Isso está bem estabelecido. Assim, com toda a honestidade, você não pode querer que o seu companheiro seja muito entusiasta a respeito de conversas que sirvam de meio, sem um fim. Certamente você pode falar sobre suas inseguranças, sentimentos e sonhos com ele, mas não pode esperar que ele ouça sempre com a mesma atenção que você se acostumou a ter das suas amigas.

Somente para Homens

E os garotões?

Estou brincando. Agora que Leslie já falou, permita-me inverter as coisas. "Cada mulher é uma ciência", disse John Donne. E se você parar um momento para estudar a sua companheira, descobrirá uma diferença básica entre vocês dois que, se levada em conta, pode poupar-lhe horas de problemas de comunicação.

É assim: No que se refere a você, a sua mulher pensa no aqui e agora. Alguém definiu o futuro como o lugar onde os homens gastam a maior parte do seu tempo. Você e eu sabemos que isto não é exatamente verdadeiro, mas torna-se mais verdadeiro quando comparado com as mulheres. Enquanto estamos analisando planos e resolvendo problemas para um amanhã melhor, nossas companheiras estão perguntando: "O que está acontecendo agora e como nós dois nos sentimos a este respeito?"

As mulheres se concentram nos sentimentos e nas experiências presentes porque elas constroem laços emocionais entre eles. Assim, enquanto você e eu estamos mais interessados no "relatório" sobre o que aconteceu e para onde estamos indo, nossas mulheres estão mais interessadas em construir, imediatamente, uma "afinidade".[9]

Como homem, tenho uma boa idéia do que você quer. Sexo! E dessa vez eu estou brincando apenas em parte. A verdade é que, quando você constrói um melhor relacionamento verbal, sua vida sexual melhora exponencialmente. Voltando ao relacionamento verbal (desculpe), acredito que o seu ideal de conversa com a sua esposa envolva uma troca direta de informações. Se você acabou de chegar em casa, vindo do trabalho, por exemplo, vai querer saber o que a noite lhe reserva. Você quer avaliar as suas opções, permanecer no rumo, estabelecer um plano, resolver qualquer problema que possa interferir na sua execução e ir em frente, certo? Sem perda de tempo. Sem adivinhações. E certamente sem ter que lidar com emoções. Mas ouça isto: se você quer ir direto à tarefa de planejar a sua noite (ou o seu futuro financeiro, ou férias, ou qualquer outra coisa) com a sua esposa, você deve primeiro reservar alguns momentos para explorar os sentimentos dela sobre o presente. Em resumo, antes de perguntar o que tem para o jantar, pergunte como ela está. Não precisa ser profundo nem demorado; ela só precisa saber que vocês dois estão conectados e trabalhando juntos antes que comecem a trabalhar para alcançar os seus objetivos.

Esses lembretes para vocês dois são a sua apólice de seguro para evitar o erro fundamental de relacionamento entre os sexos: supor que os desentendimentos entre vocês dois têm a ver apenas com as diferenças de propósitos, e não com as linhas psicológicas e biológicas cruzadas. Se você se lembrar, como mulher, que o seu companheiro está programado para receber um relatório que ele possa analisar, e se você, como homem, se lembrar de que a sua companheira está programada para construir uma afinidade dentro da qual ela possa se solidarizar, vocês estarão no caminho certo para alcançar a empatia, a essência da Conversa de Amor.

Em geral, os homens se preocupam com obter resultados, alcançar objetivos e chegar eficientemente ao resultado final. Os homens são analíticos por natureza. As mulheres se preocupam com a harmonia e a colaboração; o resultado final só é relevante se melhorar o relacionamento. As mulheres são solidárias por natureza. Verdadeiramente, o contraste é tão grande que é incrível que homens e mulheres possam até mesmo falar a mesma língua. Isso é o que faz a Conversa de Amor — em que você usa a sua mente e o seu coração.

Um Rápido Esclarecimento

Antes de nos despedirmos de vocês neste capítulo, temos a suspeita de que algumas de vocês — 10% para ser exato — estão dizendo: "Faz sentido, mas é o oposto: em nosso relacionamento ele é solidário e eu, analítica". E vocês provavelmente estejam certos. Pesquisas revelam que, em um em cada dez relacionamentos é a mulher que fala mais com a mente do que com o coração, e o homem fala mais com seu coração do que com a sua mente. Isso se destacará particularmente caso o fator de insegurança emocional da mulher seja a perda de tempo (e por isso, ela soluciona os problemas agressivamente, enquanto o homem o faz calmamente).

> *Quando homens e mulheres concordam, estão de acordo apenas em suas conclusões; seus motivos são sempre diferentes.*
>
> George Santayana

E mais ainda, essas pessoas acabam se encontrando. É raro um casal em que ambos predominantemente falam com a mente ou com o coração. Eles parecem equilibrar as diferenças, compensando um ao outro. É a maneira de Deus ajudar homens e mulheres a se tornarem inteiros e mais completos. Em uma linguagem poética: "Cada um de nós é um anjo com apenas uma asa", disse Luciano de Crescenzo, "e só podemos voar abraçando um ao outro".

capítulo doze

Ouvindo com o Terceiro Ouvido

Você Consegue me Ouvir Agora?

O primeiro dever do amor é ouvir.

Paul Tillich

Erik Weihenmayer deve ser o maior ouvinte do mundo. Em 25 de maio de 2001, ele alcançou o pico do monte Everest, decerto um raro e memorável feito para qualquer um. Mas, só um detalhe, Erik é completamente cego. Sofrendo de uma doença degenerativa da vista, ele perdeu a sua visão quando tinha treze anos. Mas isso não o deteve. Em uma montanha onde 90% dos alpinistas nunca alcançam o topo — e 165 morreram tentando, desde 1953 — Erik obteve sucesso por ouvir. E por ouvir muito bem.

Erik ouvia o sino amarrado às costas do alpinista à sua frente e assim sabia que direção seguir. Ele ouvia as vozes dos companheiros de equipe, que gritavam para ele: "Queda mortal dois pés à sua direita!", e assim ele sabia em que direção não seguir. Ele ouvia o som da sua picareta golpeando o gelo de forma que sabia se era seguro atravessar o gelo. Dizer que Erik Weihenmayer ouvia como se a sua vida dependesse disso não é exagero.

Poucos precisarão depender da sua capacidade de ouvir tanto quanto Erik, mas todos nós podemos aprender uma grande lição a partir do seu feito. Já que a maioria das pessoas fala a uma média de 120 palavras por minuto, e como a maioria do material falado pode ser igualmente bem compreendido a uma proporção de até 250 palavras por minuto, há bastante tempo para sermos desviados da mensagem do nosso cônjuge.[1]

E é por isso que ouvir é um dos aspectos mais importantes da comunicação. A capacidade de sobrevivência de nossas conversações depende disso e, mesmo assim, sempre o consideramos como um fato consumado. Estudos mostraram que a maioria das pessoas pode ouvir melhor do que realmente ouve. Foi o que levou Albert Guinon a dizer: "Há pessoas que, em vez de ouvir o que lhes está sendo dito, já estão ouvindo o que elas próprias vão dizer".

O seu cônjuge ouve atentamente o que você tem a dizer? Esta pergunta, quando proposta a centenas de casais, revela que 47% dizem que seus companheiros ouvem com atenção "algumas vezes", "raramente", ou "nunca". Cinqüenta e cinco por cento admitiram que seus cônjuges os acusam de não ouvi-los durante a maior parte do tempo. Outras pessoas se queixaram de que o seu companheiro se distraía ou se desinteressava facilmente durante uma conversa.[2] Puxa! Parece todos podemos nos beneficiar de um pequeno aperfeiçoamento no hábito de ouvir.

Ouvir é confirmar, preocupar-se, reconhecer, dar valor. A atitude de ouvir aparece de tantas formas que é muitas vezes entendida como a peça central de um relacionamento, e realmente o é. É por isso que somos compelidos a incluir neste livro um capítulo sobre a arte perdida de ouvir. Uma vez que vocês descobrirem os seus fatores de insegurança pessoal, entenderem os seus estilos de conversa e começarem a ter empatia um com o outro, vocês estarão em uma situação privilegiada para aperfeiçoar a sua habilidade de ouvir. De fato, a Conversa de Amor os manterá a distância até que vocês consigam ouvir.

Então ouçam. Este capítulo pode representar uma grande mudança nas conversas que vocês têm um com o outro. O que estamos a ponto de compartilhar certamente fez diferença para nós.

Ouvir não É apenas Escutar

Está bem, vamos rever um pouco a Comunicação 101. Se você pode escutar, pode ouvir — certo? Errado. Escutar é passivo. Ouvir é ativo.

Um sábio disse uma vez que o Senhor nos deu dois ouvidos e uma boca, e que, por esta razão, isso deveria nos dizer alguma coisa. Boa observação. E para aprofundar ainda mais esta observação, o psicólogo americano Theodore Reik, um dos primeiros e mais brilhantes estudantes de Sigmund Freud, publicou em 1948 um livro chamado *Listening with the Third Ear* (Ouvindo com o Terceiro Ouvido). Era o seu modo de realçar o fato de que escutar não tem a ver com ouvir palavras. Tem a ver com ouvir a mensagem que está por trás delas.

> *O mais importante na comunicação é ouvir o que não está sendo dito.*
> Peter F. Drucker

Considere esta interação típica entre um casal preso no tráfego:

Ela diz: Se eu me atrasar para esta reunião com a junta de diretores, a Susan vai ficar louca.
Toda a proposta para esta reunião está comigo, e ela não pode fazer nada até que eu chegue lá.

Ele diz: Benzinho, eu tenho certeza de que ela não ficará irritada. As pessoas sabem como é o tráfego nesta cidade.

Este homem escutou sua esposa, mas não a ouviu. Ele estava mais preocupado em resolver o problema dela do que em entender os seus sentimentos. Por isso ela responde:

Ela diz: Você não conhece a Susan. Eu prometi a ela que estaria lá antes que a reunião começasse para que pudéssemos fazer uma revisão. Eu falei muito sobre não nos atrasarmos. Esta reunião é crucial, você não está entendendo.

Ele diz: Espere aí, só estou tentando ajudar.

Será mesmo? Ele realmente estava tentando ajudar? Se fosse assim, ele teria ouvido não somente as palavras de sua esposa, mas a ansiedade que estava por detrás delas. Ele teria se concentrado em tentar "tranqüilizá-la", em vez de tentar "resolver" os problemas dela. Ele podia ter usado um pouco de empatia, estabelecido uma ligação com o fator de insegurança pessoal de sua companheira, e ainda tentado resolver o problema criando uma comunicação inteiramente diferente.

Ele diz: Eu sei que você deve estar ansiosa por causa disso e vou deixá-la na porta tão logo consiga. Quer usar meu telefone celular para ligar para a Susan?

Ela diz: É uma boa idéia. Obrigada por ser compreensivo, benzinho.

É isso mesmo. Note que esta cena não durou muito. Ela não exigiu que ele externasse qualquer emoção. Exigiu simplesmente um esforço intencional para compreender os sentimentos e pensamentos dela antes de oferecer ajuda. Em outras palavras, foram necessários o coração e a mente dele para perceber como a insegurança dela em relação a ser desaprovada (sua maior necessidade de segurança) estava afetando a conversa.

Ouvir o que vai no coração das pessoas é a primeira coisa que você deve fazer.
Discipleship Journal

Você pode estar se perguntando por que insistimos no valor da empatia, e pode estar notando as palavras mente/coração. É porque a maioria dos casais acredita que tem uma empatia melhor do que realmente têm — e depois se perguntam por que a sua comunicação não é boa o suficiente. Isso não é apenas a nossa opinião; é um fato. Pesquisas revelam que quando os casais são perguntados *se* têm empatia um pelo outro, eles invariavelmente dizem que sim.[3] Tudo bem, isso é bastante justo. Mas quando esses mesmos casais são solicitados a "ter empatia" com personagens de uma história (enquanto assistem a um filme, por exemplo), uma medição de suas emoções revela que eles não são tão bons de empatia quanto pensavam. De fato, a compreensão que possuem das emoções dos personagens com quem estão tentando estabelecer empatia é igual àquela que têm com os personagens com os quais eles foram instruídos a *não* estabelecer tal ligação. Quase inacreditável, não é? Mas aqui está a parte do estudo que foi ainda mais surpreendente (e encorajadora): Com um pouco mais de explicação sobre como ter empatia com os personagens, os resultados melhoraram significativamente. Os adultos que foram instruídos a "se imaginarem como sendo a outra pessoa — interpretá-las" foram muito mais articulados e compreenderam mais o que o personagem estava vivenciando. Em outras palavras, com apenas um pouquinho mais de ajuda, a capacidade de terem empatia melhorou dramaticamente.[4] Essa é uma boa notícia para todos nós.

Geralmente dizemos aos estudantes da universidade em que ensinamos que a solidariedade é como jogar uma bóia salva-vidas na água para ajudar uma pessoa que está se debatendo. A empatia, entretanto, é como mergulhar na água para trazer essa pessoa de volta para a margem. É uma ação que nunca deixará de tranqüilizar o espírito do seu cônjuge e unirá vocês ainda mais. Essa é a mágica do relacionamento quando se aprende a ouvir com o terceiro ouvido.

Ouvindo a Mensagem que Está sob as Palavras

Um dos nossos locais favoritos é a costa do Oregon. Não interessa para nós se está escuro e nublado ou claro e ensolarado. Vestimo-nos de acordo, e caminhamos por quilômetros, mesmo na chuva, ao longo das vastas praias arenosas. Na maioria das vezes, enquanto caminhamos, encontramos mais dólares na areia do que pessoas. Mas de vez em quando damos de cara com alguém com um detector de metais. Usando fones de ouvidos conectados aos seus aparelhos manuais, eles parecem desatentos a tudo que os cerca, exceto à mensagem que indica que descobriram algumas moedas enterradas ou alguns outros tesouros. Eles varrem a superfície da praia silenciosamente até que ouçam o bip em seus ouvidos. É aí que cavam. Sob o solo que a maioria nunca nota, eles estão procurando riquezas.

Você e eu fazemos a mesma coisa quando ouvimos a mensagem que está sob as palavras do nosso cônjuge. Sintonizamos a freqüência do nosso terceiro ouvido, e ouvimos silenciosamente aquilo que os outros nunca ouvem. É o que os lingüistas chamam de metamensagem: a interpretação da intenção que está sob as nossas palavras.

Uma cena de *Divorce American Style*, na qual Debbie Reynolds e Dick Van Dyke estão preparando o jantar para seus convidados, fornece um grande exemplo.[5]

Ela provoca uma briga ao se queixar de que tudo que ele faz é criticá-la. Ele não aceita aquelas afirmações genéricas e assim começa a discussão. Ela diz que não consegue discutir apropriadamente uma vez que os convidados estão a ponto de chegar, e se volta para tirar o pão do forno. É quando ele faz uma pergunta aparentemente inocente: "Pão francês?"

Parece uma pergunta simples, uma observação na verdade. Mas ao ouvi-la, Debbie Reynolds se dirige a ele com ira: "O que há de errado com o pão francês?"

"Nada", diz ele. "É que eu realmente gosto desses pãezinhos que você geralmente faz para o jantar." A batalha recomeça. Mais palavras são disparadas.

Ele fez ou não uma crítica? Se você estiver examinando apenas as palavras, não. Ele simplesmente perguntou sobre o tipo de pão que a viu preparando. Mas se você considerar a metamensagem, é quase certo que ele a estivesse criticando. Afinal de contas, ele nem ia comentar se a escolha que ela fez dos pães estava de acordo com os padrões dele. E como eles tinham acabado de discutir sobre como ele está *sempre* criticando, ela não pôde deixar de se concentrar na metamensagem.

Muitas vezes, no entanto, nós não estamos ouvindo a metamensagem. Não estamos ouvindo a mensagem que está sob as palavras. Considere esta típica conversa entre marido e mulher:

O Que Ele/Ela Diz	*O Que Ele/Ela Quer Dizer*
Ela: — Como foi o seu dia?	— Vamos conversar, eu quero me relacionar com você.
Ele: — Tudo bem.	— Estou lhe dando uma resposta curta porque estou cansado e preciso de mais algum tempo a sós.
Ela: — Como foi seu almoço com Bob?	— Vou continuar perguntando para que você saiba que realmente me

	preocupo com o que aconteceu com você hoje.
Ele: — Sem problemas.	— Estou sendo educado, mas quero que você pare de me importunar agora mesmo.
Ela: — Ele gostou das suas idéias sobre o projeto?	— Tudo bem se você não quer se abrir agora. Posso ir devagar até que você se anime.
Ele: — Sim.	— Você está começando a me deixar maluco. Não quero conversar agora.
Ela: — Tem alguma coisa errada?	— Você pode falar comigo mesmo que esteja irritado. Falar lhe ajudará a se sentir melhor.
Ele: — Não há nada errado. Só preciso de algum tempo para relaxar.	— Não há nada errado. Só preciso de algum tempo para relaxar.

Ela fica magoada, não diz nada e vai embora.

O ouvinte habilidoso se concentra nas metamensagens. Considere como a conversa acima poderia ter sido diferente se a esposa tivesse agido de outra maneira:

Ela diz: — Como foi o seu dia?
Ele diz: — Tudo bem.
Ela diz: — Como foi seu almoço com Bob?
Ele diz: — Sem problemas.
Ela diz: — Você quer um tempo para se refazer antes de conversarmos sobre o nosso dia?
Ele diz: — Benzinho, isso seria ótimo. Obrigado.

E se o marido tivesse se concentrado nas metamensagens da sua esposa? A conversa poderia ter sido assim:

Ela diz: — Como foi o seu dia?
Ele diz: — Tudo bem.
Ela diz: — Como foi o seu almoço com Bob?
Ele diz: — Sem problemas. Eu quero contar tudo, mas você se incomodaria se eu relaxasse assistindo às notícias antes de fazer isso?
Ela diz: — Com certeza. Podemos conversar durante o jantar.

Escutar com o terceiro ouvido faz maravilhas. Quando você fizer isso e escutar ponderadamente a mensagem que está sob as palavras, ficará maravilhado com o que isso fará pelo seu relacionamento.

O que a Atitude de Ouvir Faz por um Relacionamento

Ben Feldman, o primeiro vendedor de seguros a ultrapassar a meta de vendas de 25 milhões em um ano, tinha uma fórmula simples para o seu sucesso. Ele foi o vendedor líder da New York Life por mais de vinte anos operando na Liverpool do Leste, em Ohio, uma cidade de 20.000 habitantes. Seu segredo era trabalhar arduamente, pensar grande e ouvir muito bem. Muitos na profissão de Ben se identificam com as duas primeiras qualidades do seu sucesso. Mas é a terceira — ouvir bem o seu cliente em potencial — que derruba a maioria. Somente aqueles com alto percentual de vendas colocam em prática a habilidade de ouvir.

Inúmeros artigos enfatizam o benefício de ouvir no mundo dos negócios. Um estudo revelou que empregados horistas gastam 30% do seu tempo ouvindo, enquanto os gerentes gastam 60% e os executivos 75% ou mais.[6] Será que ouvir com eficiência leva à promoção ou será que o alto escalão aprende a ouvir melhor porque eles precisam fazê-lo? Provavelmente se trata de uma combinação. Essencialmente, para ter mais sucesso, você precisa ser um ouvinte melhor.

E o mesmo vale no casamento. O sucesso de seu relacionamento aumenta em uma relação direta com a efetividade com que vocês ouvem um ao outro. "A estrada para o coração", escreveu Voltaire, "é o ouvido". E ouvir com o terceiro ouvido coloca você diretamente no caminho para uma intimidade mais profunda. E supera qualquer distância entre vocês.

Tina, casada há oito anos, estava frustrada com seu casamento. Rick, seu marido, não lhe dava atenção. Ela nos disse que ele ligava a TV durante o jantar, ligava o rádio do carro em um volume alto, conversava com os clientes em seu telefone celular, fazia qualquer coisa, menos se relacionar com ela.

Quando eles vieram ao nosso escritório de aconselhamento, Rick, que viera do Texas para Seattle, estava, no mínimo, relutante. Eles se sentaram em cadeiras giratórias em frente a mim e a Les. Rick quase sempre olhava fixa e alternadamente para nós dois quando falava, mas olhava diretamente para mim, como se estivesse tentando descobrir alguma solidariedade de minha parte em relação à sua esposa, quando disse: "Eu não apóio esse negócio de aconselhamento, mas Tina torceu o meu braço".

Les assegurou que seria relativamente indolor. E para dar apoio às suas palavras, lançamos um desafio: "Vamos lhe dar uma tarefa simples para a próxima semana, e se isso não fizer uma diferença significativa no seu relacionamento, nós pararemos por aí".

> *Todo o homem seja pronto para ouvir, tardio para falar.*
> Tiago 1.19

"Isso é uma oferta arriscada para um homem que está procurando uma desculpa para não estar aqui", disse Rick, de forma lenta e pausada. "Mas vamos em frente."

A tarefa era objetiva. Gastar dez minutos por dia, nos próximos sete dias, em uma conversa na qual vocês nada farão além de se concentrarem um no outro. Sem telefonemas ou TV, apenas conversar sobre qualquer coisa que vocês queiram.

"Esse é o problema: Não temos nada sobre o que conversar", protestou Rick.

"Então apenas ouça enquanto Tina falar."

Rick concordou que podia fazer isso. Nós interpretamos algumas cenas até que estivéssemos confiantes de que ambos haviam entendido, e depois os deixamos partir.

Quando vimos Rick e Tina outra vez, havia uma diferença visível. O semblante de Tina havia mudado. Rick era só sorrisos.

"Doutor", ele disse, "ouvir fez toda a diferença".

Tina começou a se animar.

"Fizemos exatamente como você disse. Eu ouvi. Só isso. Mas no terceiro dia percebi quão solitária Tina se sentia em nosso casamento e isso me fez mudar. Ela merece algo melhor." Rick limpou sua garganta, sem que isso atrapalhasse, e disse: "E ela vai ficar melhor. Vou ouvi-la como se estivesse tentando ouvir um relógio de pulso em um depósito de gelo".

Não pudemos deixar de rir com a sua linguagem divertida. Mas estava bastante claro que ele havia entendido a mensagem. Isso aconteceu há alguns anos. E nunca mais nos esquecemos da maneira de falar de Rick.

Existe um poder de cura na atitude de ouvir. Anos de mágoa e sofrimento advindos de sentir-se isolado podem ser apagados quando um homem ou uma mulher ouve de verdade com o terceiro ouvido. Catherine de Hueck expressa isso de uma maneira muito bela, quando diz: "Com o dom de ouvir vem o dom de curar". E vem mesmo.

O Pior Engano que Você Poderá Cometer ao Ouvir

— Você viu este catálogo? — perguntou Les enquanto eu preparava a mamadeira do nosso bebê no balcão da cozinha.

— Que catálogo?

— Este catálogo da Brooks Brothers. Por que você não pede algumas coisas? Peça qualquer coisa que quiser; parece que está tudo em liquidação.

Logo eu estaria digitando o 0800 e metralhando códigos do catálogo para o operador, tão rápido quanto conseguisse. Mas este não era o meu momento mais brilhante. Eu estava me recuperando de uma gravidez difícil, e não pude deixar de ouvir o convite de Les para pedir roupas, do seguinte modo: "Já é hora de você entrar em forma, deixar o guarda roupa de mamãe e comprar algumas roupas que melhorem a sua aparência". Com certeza, ele não disse nenhuma dessas palavras; de fato ele sequer teve um pensamento sobre isso. Les simplesmente queria que eu me divertisse fazendo umas comprinhas em um dos meus catálogos favoritos durante uma liquidação de inverno. Sei disso porque passamos a próxima hora e meia falando de como eu interpretei a sua mensagem erroneamente.

— O que está errado?

— Eu me sinto tão mal comigo mesma e agora você acha que não sou mais bonita — eu disse enquanto as lágrimas começavam a escorrer pelo meu rosto.

— Do que você está falando? — perguntou Les.

Ele estava verdadeiramente chocado, mas isso não deteve as minhas lágrimas. Meus sentimentos ruins estavam determinados a reinventar o que ele me havia dito.

— Só achei que havia algumas boas ofertas aqui, e se eu soubesse como escolher aquelas que você mais gosta e nos tamanhos que você quer, eu mesmo os daria a você — como um presente, disse Les.

— Então você está com medo de que eu não possa usar as mesmas coisas que costumava usar eu disse em tom de acusação.

— Agora você está colocando palavras em minha boca. Eu não...

— Você não vê que me sinto mal a respeito da minha aparência? — interrompi. — Não preciso comprar roupas que nunca vou poder usar. Você está vendo algum modelo pós-parto nesse catálogo?

— Juro que não estava querendo dizer outra coisa — disse Les com uma voz gentil. — Só pensei que você gostaria de usar algo novo.

Enquanto desfazíamos a minha leitura emocional errônea, acabei por entender a verdadeira mensagem de Les. Mas isso levou algum tempo, pois as palavras que eu inventara eram mais poderosas do que as que ele havia dito.

Você já teve uma experiência semelhante? Esta é um pergunta tola, nós sabemos. Todo casal vive situações como essa. Veja o nosso amigo Chuck Snyder, que estava colocando um pedaço de queijo em um biscoito e fechando a embalagem para colocá-lo no microondas, quando sua esposa Barb entrou.

— É muito grande — disse ela.

O que Chuck ouviu foi: "Ei gordo, você vai mesmo comer todo esse queijo sozinho?"

Na verdade, tudo que Barb estava dizendo era que o queijo era grande demais para derreter adequadamente. Tinha que ser cortado em pedaços menores.

> *Ele tinha lapsos ocasionais de silêncio, o que tornava a sua conversa perfeitamente agradável.*
> Sydney Smith

Fazer a leitura errada da mensagem de um cônjuge talvez seja o erro mais fatal que cometemos no que se refere a ouvir. Isso transforma a nossa conversa em um teste de mata-borrão, no qual projetamos nossos temores e frustrações naquilo que, de outra forma, seria um diálogo inofensivo.

Mas existe uma solução.

Deixe-me Ler a sua Mente

Se você estiver cansado de interpretar erroneamente as intenções do seu cônjuge, se a sua habilidade de escutar é lenta, experimente uma coisa que iniciamos há quase uma década. É um exercício chamado "Deixe-me Ler a sua Mente". Não se preocupe; não é necessário que você se sente no chão no estilo "swami" dos mestres hindus, e use um chapéu engraçado.

Quando qualquer um de vocês estiver correndo o risco de ler na mensagem algo que ela não contém, diga: "Eu gostaria de ler a sua mente". Quando seu cônjuge concordar, diga-lhe o que você está ouvindo. Não faça julgamentos até esse ponto; revele apenas o que você percebeu. Neste ponto você não está validando a mensagem; está apenas verificando se ela está correta. Em seguida, o seu cônjuge simplesmente avalia o quão preciso (ou impreciso) você está sendo em uma escala de um a dez — sendo que a nota dez deverá ser dada quando você acertar na mosca. Aqui está um exemplo:

Ela diz: — Gostaria de ler a sua mente.

Ele diz: — Fique à vontade.

Ela diz: — Na noite passada durante o jantar, quando brincou sobre o tempo que passo falando no celular, você estava pensando que gasto tempo demais conversando com a minha irmã. Estou certa?

Ele diz: — Isso seria um três. Esse pensamento passou pela minha cabeça, mas não durou muito. Eu estava pensando se não deveríamos mudar o plano do telefone caso você utilize o celular pelo mesmo tempo todo mês.

Ou considere o exemplo de um casal que está pensando em se mudar para o outro lado do país por causa de uma nova oferta de trabalho:

Ele diz: — Gostaria de ler a sua mente.
Ela diz: — OK.
Ele diz: — Eu acho que muito embora você diga que está querendo que a nossa família se mude para a Filadélfia, você quer mesmo é ficar aqui. Acho que você tem medo de me decepcionar ou de prejudicar a minha carreira. Estou certo?
Ela diz: — Sim. Isso é aproximadamente um oito ou nove. Você está certo. Estou com medo de falar sobre isso porque sei que você está animado com essa oportunidade.

Você entendeu. Este exercício cria um atalho através de todos os obstáculos de um relacionamento repleto de mensagens mal interpretadas. Ele permite que você mostre os seus temores e frustrações, e verifique se eles são válidos. Pense no tempo e na energia que você pode economizar com esta técnica! Mas lembre-se, isso não vai funcionar se você não estiver usando a empatia, desejando verdadeiramente entender o seu cônjuge.

Você Ouviu o que eu Disse?

Em seu livro *Stress Fractures* (Interrompendo o Estresse), Chuck Swindoll nos fala de um dia em que aprendeu uma lição importante sobre ouvir. Ele foi apanhado em uma maré de muitos compromissos em pouquíssimos dias. Ele se pegou falando asperamente com a sua esposa e filhos. Ele fazia as suas refeições rapidamente e estava irritado pela interrupção inesperada em sua agenda. Sua conduta apressada estava se tornando insuportável.

> *Não se pode ouvir alguém e fazer qualquer outra coisa ao mesmo tempo.*
> M. Scott Peck

"Recordo-me distintamente das palavras da nossa filha caçula, Colleen, em uma noite após o jantar", ele escreve. "Ela queria me contar a respeito de alguma coisa importante que havia acontecido naquele dia na escola. Ela apressadamente começou: 'Papai quero te contar uma coisa, e vou contar bem rápido'."

Chuck, de repente, percebeu a frustração dela e respondeu: "Queridinha, pode me contar... e não precisa contar bem rápido. Fale devagar". E ele diz: "Nunca esquecerei a resposta dela: 'Então ouça devagar'".

Típico das crianças, não é mesmo? Ouça devagar. É um bom conselho para todos nós. Raramente percebemos o grande presente que podemos oferecer um ao outro quando reservamos alguns momentos para ouvir não somente as palavras um do outro, mas os sentimentos que estão por trás de suas palavras. Ouvir com o terceiro ouvido é, pura e simplesmente, o dom da compreensão.

O renomado conselheiro suíço, Dr. Paul Tournier disse: "É impossível exagerar na ênfase à imensa necessidade que temos de ser realmente ouvidos, levados a sério, entendidos... Ninguém pode se desenvolver livremente neste mundo e ter uma vida plena sem se sentir compreendido por pelo menos uma pessoa".[7] Quando você oferece ao seu cônjuge o presente de ouvir, está expressando aquilo que o seu relacionamento deveria ser.

capítulo treze

Quando não Falar

O Paradoxo de todo Relacionamento

O silêncio no momento apropriado tem mais eloqüência do que um discurso.
Martin Fraquhar Tupper

Parem de falar. É sério.

Isso pode soar estranho vindo de dois especialistas em relacionamento, mas falamos sério. Parem de falar. Pode parecer um conselho nada ortodoxo, mas o silêncio não é apenas ouro; é também vital para uma boa comunicação.

Disputando um cabo de guerra com o seu cônjuge a respeito de aonde ir no seu próximo encontro? Mudar-se ou não em função de uma nova oportunidade de trabalho? Ou como disciplinar as suas crianças? Pergunte a qualquer um que tenha uma opinião e ele lhe dirá a mesma coisa: "Conversem a respeito". Certo, nós compramos essa — mas só se for por um bom preço. Não compraremos se o custo for maior que o benefício, e é por isso que há momentos em que um casal simplesmente precisa ficar calado.

Concordamos que a maneira de resolver os problemas no nosso relacionamento é falar sobre eles. Mas pode haver poder e sabedoria em não falar — em aguardar, afastar-se ou simplesmente se calar e tocar a vida.

Agora, eu (Les) quase posso ouvir alguns de vocês homens lendo isso e dizendo à sua companheira: "Está vendo meu bem, não precisamos discutir tudo". Vocês estão pensando que acabamos de dar uma bela desculpa para escapar de uma boa conversa. Devagar, companheiro. Não é bem assim, mas acho que você ainda vai gostar do que temos para dizer aqui.

E eu (Leslie) posso ouvir algumas de vocês mulheres lendo este conselho inicial e dizendo a si mesmas: "Que tipo de livro é este — pensei que ele supostamente abrisse os canais de comunicação, e não que os fechasse". Eu entendo, mas continuem nisso conosco. Vocês descobrirão que o que estamos sugerindo efetivamente tornará a sua comunicação mais rica e íntima.

Vejam, há certos lugares e ocasiões em todo relacionamento em que se deve parar de falar, nem que seja por um breve momento, e este capítulo é dedicado a ajudá-los a localizar com precisão cada um deles. Embora obviamente acreditemos em conversar sobre as coisas, existem pelo menos sete ocasiões específicas em que você precisa ficar em silêncio. É possível que vocês já conheçam algumas delas.

1. Parem de Falar quando um de Vocês não Estiver Pronto

Esposa: — Precisamos saber o que vamos fazer com as crianças na noite de quinta-feira quando formos à festa do Jeff.

Marido (enquanto verifica um talão de cheques): — O quê?

Esposa: — Sara não pode cuidar das crianças, mas a Amy pode. Mas os garotos nunca se comportam bem quando Amy está cuidando deles. Você não acha que deveríamos esquecer a Amy?

Marido (com os olhos ainda no talão de cheques): — Humm, o que é agora? Quem, Amy?

Esposa: — A Sara não pode olhar as crianças.

Marido (fazendo contato visual): — Quando?

Esposa: — Por que você nunca me ouve?

Ele pode não estar ouvindo porque você está falando quando ele não está pronto. Eu (Leslie) aprendi e reaprendi o preço deste erro. Não sei quantas vezes tentei conversar com Les quando ele estava no meio de uma tarefa e acabei me magoando. Confie em mim, se você tem algo em mente e o seu cônjuge não está pronto para falar sobre isso, cale-se. Informe a ele ou a ela que você quer conversar. Diga algo como: "Quando você puder, preciso falar com você sobre quem vai cuidar das crianças; você dispõe de algum tempo antes do jantar?" É isso que você precisa para ter a certeza de que a mente do seu cônjuge está em uma condição receptiva.

2. Pare de Falar quando Você já Disse a Mesma Coisa um Milhão de Vezes

Se por oito anos você tem dito ao seu cônjuge que não coloque a jaqueta no encosto da cadeira da sala de jantar, ou se durante quatro verões vocês têm discutido sobre comprar ou não uma churrasqueira muito cara, talvez seja a hora de encerrar permanentemente esta conversa. Em algum ponto você precisa perceber que falar não vai trazer uma solução.

Se uma batalha foi travada por causa de uma troca de lavadora ou secadora ou da doação de dinheiro a uma causa beneficente, vocês podem simplesmente ter que concordar em discordar. Vocês podem chegar a um acordo que pelo menos satisfaça parcialmente a ambos. Ou talvez continuem como estão e concordem em adiar todas as discussões sobre o assunto por, digamos, seis meses.

A questão é que se as suas conversas não estão chegando a lugar algum, vocês precisam dar um tempo. Naturalmente, em alguns casos existem algumas atitudes que poderão ser tomadas para que *de fato*, estas falem mais alto do que palavras. Se você pediu, bajulou, ameaçou e analisou o seu cônjuge neste assunto de não pendurar a sua jaqueta no armário e ele ou ela continua prometendo, mas nunca o faz, você tem algumas opções: (a) você pode decidir pendurar para ele ou ela e não falar mais nada sobre isso; (b) você pode deixá-la ali e não dizer nada; ou (c) você pode esconder a jaqueta todas as vezes que ele ou ela a deixar em um lugar indesejável. Esta última opção é para aqueles que têm uma tendência à maldade (não recomendamos isso), mas queremos lhes dar todas as opções. A única opção não disponível é continuar falando sobre isso.

> *O silêncio é uma das maiores artes da conversação.*
>
> Tom Blair

O que interessa é que vocês precisam desistir das suas conversas repetitivas. Elas vão desgastar o relacionamento de vocês.

3. Parem de Falar quando Precisarem de Tempo para Pensar

"Travamento da força." Não é um termo que você vê em outros livros sobre relacionamentos românticos, mas é uma técnica de que aprendemos a gostar em nosso próprio relacionamento. E a aprendemos do mundo dos negócios. Durante um jantar, estávamos conversando com um amigo que trabalha como consultor gerencial. Ele nos contou que o "travamento da força" é uma prática comum em todas as companhias, e nos perguntou se a usávamos em nosso trabalho como conselheiros matrimoniais. Ficamos intrigados.

"No trabalho", disse ele, "se alguém comenta uma nova idéia com você no corredor, você diz, 'Interessante. Vamos pensar a respeito'. Mas se a minha mulher sugere alguma coisa, estou apto para gritar: 'Eu não gosto disso'. É como se, em casa, eu me tornasse uma criança de cinco anos".

Entendemos de imediato o que ele queria dizer. Provavelmente vocês também. A idéia de controlar os nossos sentimentos é um anátema para a maioria dos casados. Se ele sugerir fazer canoagem em um rio agitado, você imediatamente responde com um sermão dizendo o quanto você está querendo ir a um lugar de veraneio. Vocês detestam acampar. Se ela propõe irem à cantata da igreja de uma amiga, você atira de volta protestando como isso é chato, e que você sequer conhece a amiga dela. Você não gosta de cantatas.

Mas espere. Porque se comportar como uma criança de cinco anos? Ao contrário, por que não dizer: "Você permite que eu pense a respeito e responda depois?" Isso faz com que você tenha um tempo para esfriar, para considerar como realmente se sente a respeito de alguma coisa sem a pressão de ter que dar uma resposta espontânea, e tempo para formar uma resposta pensada.

Isto também funciona quando é você que tem algo sobre o que conversar. De fato, geralmente aconselhamos um ao outro nesta estratégia, dizendo alguma coisa como: "Quero falar com você sobre uma idéia, mas não quero que você responda imediatamente". Esta é uma maneira de apresentar uma idéia ou sugestão sem ser massacrado por expô-la.

4. Parem de Falar quando Um de Vocês Está Sendo Irracional

Talvez o chefe tenha gritado com ela. Talvez ela tenha tido uma interação ruim com a mãe. Qualquer que seja a explicação, vocês iniciaram uma discussão sobre finanças e ela começa a gritar sobre o seu comportamento e como você a está atacando. "Você está sempre me criticando e nunca aprecia o que eu faço por você".

Neste ponto, o movimento mais sábio é não discutir o novo orçamento ou o comportamento bizarro dela, mas dizer tão calmamente quanto você puder: "Vou lhe dar algum tempo agora". Você não precisa julgar. Apenas defina um limite calando-se até que um pouco de sanidade entre em cena.

> *Não há apenas arte, mas eloqüência no silêncio.*
>
> Cícero

Naturalmente, o mesmo se aplica quando "o sapato aperta no outro pé". Quando você está se sentindo um tanto insano, e as suas emoções pulsando como uma bomba relógio, você precisa dar a si mesmo um pouco de tempo.

Muitos casais tentam ter conversas racionais quando um deles está em uma condição irracional. Isto nunca funciona. Assim, na próxima vez que um de vocês não estiver sendo razoável suspendam a conversa e dêem um tempo à sanidade. Depois que ambos se refugiaram um do outro, na sua quietude, estarão prontos para ter uma conversa mais racional.

5. Parem de Falar quando Esquecerem o Problema sobre o qual Vocês Estavam Tratando

Les e eu estávamos tendo uma conversa razoável sobre como dispor os móveis naquilo que pretendíamos que fosse nossa sala de estar formal. Com a chegada de um segundo bebê, e a futura criança em nossa família, concordamos que era hora de converter o cômodo em um local para brincadeiras. Mas enquanto trocávamos os móveis de um lugar para o outro, percebemos que algumas peças teriam que sair.

— Eu de fato jamais gostei daquela mesa antiga que usávamos para colocar as fotografias —, disse Les.

— Você está brincando?! — respondi prontamente. — Esta é a minha peça favorita da mobília desta casa.

—Você gosta dela por que gosta das fotografias que estão sobre ela — protestou Les.

— Me desculpe — eu sei do que gosto, e gosto da mesa.

— Bem, podemos manter a mesa e colocar os brinquedos sobre ela, sugeriu rapidamente Les.

— Por que não nos livramos da sua estante? — retaliei.

— De repente é *minha* estante, hum?

— Bem, você sabe que eu nunca a quis aqui — falei.

— Bem, que tal a pintura que está no andar de cima e que eu não suporto? — Les perguntou.

— Aquela que seus pais nos deram? Isso é problema seu.

— Ok, você quer colocar os pais nesta discussão...

— Espere um minuto, dá um tempo, o que estamos fazendo? Sobre o que estamos falando mesmo? — perguntei.

Você já passou por algo assim? Que casal não passou? Todos nós tivemos conversas que saíram dos trilhos. Você começa falando de que cor pintar a cozinha, e de repente está discutindo sobre sorvete e o ajuste apropriado do botão de temperatura do congelador.

Quando vocês não conseguem mais se lembrar exatamente sobre o que estão tentando decidir, quando é necessário perguntar: "Sobre o que estamos discutindo?", façam uma pausa e deixem as coisas esfriarem. Nós temos uma frase que nos ajuda a fazer exatamente isso em nosso relacionamento: "Vamos esfriar as nossas cabeças e aquecer os nossos corações". Este simples lembrete evita que sejamos absorvidos por uma conversa que já se tornou tola, e que está começando a ser violenta e sem sentido.

6. Parem de Falar quando Estiverem Despejando Conselhos

Semana passada tivemos uma palestra em Oklahoma City. O casal que nos apanhou no aeroporto era excepcionalmente gentil — conosco e entre si. Talvez gentil demais. No caminho para o local onde nos apresentaríamos, já em cima da hora, o marido sem saber errou o caminho. Após continuarmos naquela direção por alguns minutos, ele disse: "Acho que devia ter virado à esquerda lá atrás". Foi quando sua mulher disse: "Eu sabia que você devia virar à esquerda na 109, mas não quis falar nada".

O quê!? Não quis falar nada? Les quase se descontrolou. Ele se conteve e educadamente perguntou por quê.

"Eu não quis constranger meu marido e sabia que ele logo perceberia", ela lhe disse.

A resposta dela pouco adiantou para acalmar Les, mas ressaltou uma interessante estratégia de relacionamento, mesmo que levada ao extremo. Sabe, na maioria das vezes, somos muito rápidos no gatilho quando se trata de aconselhar nossos cônjuges.

"Você precisa pegar as suas meias."

"Você deixou a luz do corredor acesa novamente."

"Você vai chegar atrasado se não se apressar."

Comentários deste tipo não ajudam em nada. Eles são pronunciados em uma vã tentativa de mudar o nosso cônjuge, mas ajudam tanto quanto uma capa de chuva quando não está chovendo. Ninguém gosta de críticas ou conselhos não solicitados, mas a maioria de nós não consegue deixar de despejá-los sobre o nosso cônjuge. Por isso, na próxima vez que a sua vontade de aconselhar estiver a toda velocidade, faça tudo o que puder para controlá-la. Desligue-a. E se você não conseguir se controlar, torne as coisas mais fáceis de serem ouvidas, dizendo: "Sei que você não pediu o meu conselho, mas posso lhe dizer o que estou pensando?"

> *Muitas vezes lamentei por minhas palavras, mas nunca pelo meu silêncio.*
> Publilius Syrus

7. Parem de Falar quando É Hora de Agir

"A demora é a forma mais mortal de negação", disse o professor Northcote Parkinson. De fato ele é famoso por esta frase curiosa. Em um chá em sua honra, ele foi solicitado a explicar este ditado. "Eu o farei", respondeu Parkinson, "dentro de alguns minutos".

Você entendeu. Verdadeiramente, qualquer um que estiver substituindo a ação pela conversa, está em uma negação. Quando falamos sobre alguma coisa que precisamos fazer em vez de fazê-la, estamos fazendo de conta que estamos mais perto de agir. Mas não estamos. Aproxime-se de um grupo de estudantes do último ano que falam sem parar sobre as dificuldades de escrever uma dissertação, e você perceberá o quanto eles poderiam ter escrito se, simplesmente, parassem de falar e o fizessem.

O mesmo vale para o casamento e o assunto sexo é um bom exemplo. Quando os casais começam a falar sobre por que não estão fazendo muito sexo em seus casamentos, a própria conversa pode impedi-los de agir. Ela cria mais pressão. A falta de sexo tornou-se, agora, uma "controvérsia". E as controvérsias precisam ser exploradas, certo? Assim eles olham para cada aspecto da controvérsia e se tornam mais inativos a cada parágrafo de conversa. Eles se tornam vítimas da "paralisia da análise". Suas discussões levam à inércia terminal. Durante o tempo que gastam falando por que não estão fazendo amor, eles poderiam estar fazendo.

Naturalmente, nem sempre é simples assim; mas muitas vezes é. Por isso, se vocês estiverem usando a conversação para deixar de fazer alguma coisa, não demorem. Não vivam em uma negação. Parem de "enrolar" e comecem a agir.

Preparamos um resumo conciso das sete ocasiões, em toda relação, nas quais o silêncio não é somente ouro, mas uma necessidade.

Parem de Falar...	**Dizendo...**
Quando um de vocês não estiver pronto	"Preciso falar com você quando você estiver pronto; você tem algum tempo antes do jantar?"
Quando você já falou isso um milhão de vezes	"Não vou falar sobre esse assunto pelos próximos seis meses".
Quando você precisa de tempo para pensar.	"Interessante. Deixe-me pensar sobre isso".

Quando um de vocês estiver sendo irracional.	"Vou lhe dar algum tempo agora".
Quando vocês não se lembrarem sobre o que estavam conversando.	"Vamos esfriar as nossas cabeças e aquecer os nossos corações".
Quando você estiver despejando conselhos.	"Sei que você não pediu o meu conselho, mas posso dizer o que estou pensando?"
Quando estiverem falando para deixar de fazer algo.	"Já chega, vamos fazer isso".

Rompendo o Silêncio

William Penn, fundador da Pensilvânia foi aprisionado durante o século XV por causa da sua fé quacre. E, enquanto estava na prisão, escreveu algo que estimulou em nós um pensamento ao dirigirmos nossa atenção para a conclusão deste capítulo. "O verdadeiro silêncio", disse ele, "é como um descanso para a mente". Sem dúvida. E nós acrescentaríamos que o silêncio é para a conversa o que o sono é para o corpo. Um momento de reflexão silenciosa, na hora certa, alimenta e revigora o espírito da Conversa de Amor.

Mas assim como dormir demais é um sintoma de grandes problemas, o silêncio excessivo em um relacionamento é certamente problemático. Assim, para que não sejamos mal entendidos, queremos salientar o valor da conversa. O objetivo deste capítulo é identificar as horas e as ocasiões específicas em que a conversação é desnecessária e até mesmo danosa ao relacionamento, mas o objetivo dominante, naturalmente, é viabilizar conversas mais produtivas, significativas e íntimas entre vocês dois.

Vamos Falar de Amor

A Conversa mais Importante que Você jamais Terá

Aquilo que você faz fala tão alto que não consigo ouvir o que você diz.
Ralph Waldo Emerson

O mais longo casamento do mundo foi comemorado recentemente. Lee, 91, e Kim, 95, da Coréia, estabeleceram um recorde mundial de acordo com o livro Guinness de Recordes, quando celebraram o seu 82° aniversário de casamento em um evento festivo na casa de seu primeiro filho, de 75 anos.[1] Lee e Kim têm cinco filhos e três filhas e 105 netos e bisnetos. Em seu aniversário, o casal que está unido há mais tempo no mundo recebeu presentes especiais, incluindo 82 rosas — e aparelhos para surdez.

Após mais de oito décadas de casamento, eles estavam recebendo aparelhos auditivos! Acho que eles queriam ter certeza de que não perderiam nenhuma palavra. Você consegue imaginar a quantidade de conversas que esse casal já teve? Em todo esse tempo, eles devem ter abordado todos os tópicos possíveis sobre os quais um marido e uma mulher podem conversar. Mas esse casamento recordista nos faz pensar. Perguntamo-nos se Lee e Kim alguma vez prestaram atenção a uma conversa que eles sequer souberam que tiveram. Poucos casais o fazem.

Vocês estão juntos todos os dias — sejam namorados ou casados — e existe uma conversa silenciosa que quase sempre passa despercebida. Mesmo assim o conteúdo desta conversa é a discussão mais importante que um casal tem. Suas palavras subsistem por mais tempo, são sentidas mais profundamente, e têm mais influência do que qualquer um dos companheiros jamais poderia imaginar. Esta conversa, mais do que qualquer outra, determina a proximidade ou a distância que sentem.[2] No final das contas, ela define se o casal realmente apreciará a Conversa de Amor, se falarão a linguagem um do outro como nunca fizeram antes.

Estamos falando da conversa que você tem consigo mesmo quando seu cônjuge não está ouvindo. Estamos falando sobre a conversa que você tem consigo mesmo, quanto ao seu relacionamento.

Imagine que ao final de cada semana você insira um micro-circuito em um computador, e ele coloque em uma tabela e classifique tudo que você disse a si próprio sobre o seu cônjuge. E imagine que o mesmo computador faria o mesmo com tudo o que você disse sobre si próprio. Ele emitiria um relatório de todos os seus diálogos internos pertinentes ao seu relacionamento. E agora imagine você e seu companheiro sentando-se para discuti-lo. O que você encontraria?

Primeiro, você decerto ficaria surpreso se o ouvisse. Você poderia, por exemplo, descobrir que estaria internamente dando ao seu cônjuge os parabéns que ele ou ela nunca ouviu. *Adoro quando ela usa aquele vestido. Ele é brilhante com as crianças.* Mas você também pode se chocar ao descobrir quantos comentários negativos você resmunga silenciosamente contra ele ou ela. *Ele se preocupa mais com o carro do que comigo. Ela é tão descuidada com dinheiro.* E não é só isso: você poderia ficar surpreso ao saber quantas coisas negativas está dizendo a seu próprio respeito. *Sou tão egoísta. Fui realmente idiota. Eu deveria saber. Sou idiota.*

> *Agimos a partir de nossos pensamentos. Esses pensamentos literalmente se tornam a nossa experiência de vida diária.*
>
> Wayne Dyer

Este tipo de conversa consigo mesmo estabelece padrões inatingíveis e destroem por não conseguir alcançá-los. Ela faz você ofender a si mesmo: burro, incompetente, feio, egoísta, fraco. Sua voz interior negativa diz que você é abominável, que o seu cônjuge está irritado e desgostoso. Sua crítica patológica, se não controlada, minará a sua dignidade a cada oportunidade. E de acordo com alguns especialistas, até 77% da conversa da pessoa consigo mesma é negativa.[3] Imagine o impacto que isso provoca em um casamento — quanto, no final das contas, isso prejudica a Conversa de Amor.

O seu diálogo interno a respeito do seu relacionamento é como um prisma através do qual todas as suas conversas verbais são refratadas. Se negligenciar esta conversa secreta, você lutará permanentemente para conquistar o diálogo aberto e correto com o seu cônjuge.

Por isso, dedicamos este capítulo a ajudá-lo a se sintonizar na sua conversa consigo mesmo no que diz respeito ao seu relacionamento, e começamos revelando as suas origens.[4] Mostramos como o seu cérebro, bem no fundo de suas dobras e fissuras, mantém a mais importante conversação que você trava. Definimos também o que é exatamente a conversa consigo mesmo. Também lhe mostraremos como avaliar corretamente o seu diálogo interno, equilibrando os dois braços da balança sobre os quais a Conversa de Amor se sustenta. E, por fim, deixaremos com você um exercício simples, mas valioso, para melhorar a sua conversa consigo mesmo.

Seu Cérebro Tem uma Mente Própria

O cérebro é o único órgão do corpo totalmente essencial para a identidade individual. Se você tiver um rim ou fígado ou até um coração defeituoso, pode fazer um transplante e ainda manter o seu senso de identidade. Mas, se você tivesse que adquirir um novo cérebro, adquiriria uma nova personalidade. Você teria um conjunto de lembranças, vocabulário e aspirações diferentes. Você experimentaria emoções diferentes. Com um novo cérebro você adquire uma nova mente. Resumindo, assumindo que a ciência médica pudesse resolver os problemas incrivelmente complexos envolvidos em um transplante de cérebro, você seria uma outra pessoa na mesma pele. O poder do cérebro humano é inconfundível. Ele faz nada menos do que definir quem você é.

E é precisamente por isso que a conversa consigo mesmo é a mais importante para que você se torne a pessoa que deseja ser. Arriscando-se a simplificar demais a majestade da mente, você pode pensar nela como sendo composta por intrincadas conversas internas. O cérebro é um circuito de comunicações complexas transmitindo milhões de mensagens a todo momento.[5] E essas mensagens determinam quem você é. Elas têm um impacto direto não apenas no seu corpo, mas também no seu espírito. A sua própria personalidade — o que você faz e como você age — é definida pelas suas mensagens internas.

Continue conosco nisso. Seu estado psicológico e, portanto, o estado do seu relacionamento, é representado por uma série de conexões eletroquímicas no seu cérebro. Em outras palavras, você define, em um alto grau, o que o seu cérebro faz através do que você diz quando ninguém está ouvindo. E, ao longo do tempo, as mensagens secretas que você dispara repetidamente através da sua mente começam a abrir um canal ou a criar um caminho através do seu córtex.[6] A rotina e a natureza habitual dessas mensagens as tornam proeminentes. Elas alcançam uma prioridade superior à das outras. Essas mensagens determinantes, que são ouvidas em uma voz mais alta, com mais freqüência, e mais rapidamente, são as que definem a sua conversa consigo mesmo — e, portanto, o seu relacionamento.

O que É Conversar Consigo Mesmo?

Cada um de nós, a cada minuto e a cada hora, está travando um diálogo interminável — consigo mesmo, um diálogo que dá vida a cada experiência — especialmente aos "nossos namoros" ou à nossa relação matrimonial. O diálogo tem sido comparado a uma cachoeira de pensamentos que cascateiam por trás de nossas mentes. Esses pensamentos raramente são notados, mas de maneira contínua moldam as nossas atitudes, emoções e perspectivas.

A conversa consigo mesmo não é tipicamente falada em voz alta, mas a sua mensagem é mais penetrante do que qualquer voz audível. E mais, é reflexiva. Automática. A conversa consigo mesmo acontece sem qualquer reflexão ou raciocínio anterior. Nosso cérebro a entende de imediato como plausível e válida. Nossa conversa não precisa ser exata. Na realidade, para muitos de nós, ela raramente o é. Mas isso nunca impede a mente de agir como se ela fosse exata.

Em 1955, um professor de psicologia pouco conhecido, da Universidade de Rutgers, estava desenvolvendo uma técnica de aconselhamento, porém estava cada vez mais desiludido com os métodos tradicionais de tratamento. A psicanálise, na opinião dele, era muito cara, muito longa, e também fora de sintonia com o modo como as pessoas mudam. Assim, ele abandonou completamente a psicanálise, e iniciou a sua própria linha de terapia fundando o Instituto para a Vida Racional. Albert Ellis, o fundador, agora com noventa anos, ainda viaja pelo país realizando seminários sobre a sua afamada Terapia Racional-Emocional. Ellis foi o primeiro a usar o termo *conversa consigo mesmo*. Hoje, certamente, esse termo faz parte do vocabulário geral, e existem várias características que o definem.

A Conversa Consigo Mesmo É Pessoal e Específica

Judy foi casada durante quatro anos. Ontem à noite, durante o jantar, ela perguntou ao marido, Bill, se ele gostaria de dar um passeio pela vizinhança depois da refeição. Bill disse que preferia ler o jornal. Isso desanimou Judy. *Ele realmente não aprecia a minha companhia,* disse ela a si mesma. Note que Judy não disse: *Ele está provavelmente cansado depois de um duro dia de trabalho, ou até mesmo, o seu joelho pode estar incomodando.* Ela se concentrou em um pensamento específico que se relaciona com ela: *Bill não quer estar comigo.*

A Conversa Consigo Mesmo É Concisa

Ela é freqüentemente composta por apenas algumas palavras ou até mesmo por uma breve imagem visual.[7] *Café em O'Hare.* Quando eu (Les) permito que essas três palavras escorreguem para dentro das fendas do meu córtex, elas imediatamente geram um desconforto.

> *O respeito próprio é a pedra angular de todas as virtudes.*
>
> John Herschel

Elas me fazem lembrar de um tempo em que eu era um autêntico idiota como marido — quando não quis comprar uma mísera xícara de café por um preço abusivo quando estávamos viajando. Desde então, sempre que começo a tomar uma decisão egoísta que afete a minha esposa (em um momento em que estou prestes a negar-me a fazer um pequeno gesto que permitiria a Leslie saber que a estimo), essas três palavras saltam sobre mim e imediatamente me destroem. Esta é a natureza da *conversa consigo mesmo*. É concisa. Uma palavra ou uma frase curta se torna um atalho para um grupo de remorsos, inseguranças ou recordações.

A Conversa Consigo Mesmo É Rápida e Espontânea

Você está dirigindo pela cidade, resolvendo alguns pequenos problemas, quando reconhece seu marido num guichê da Ticketmaster. *Ele está comprando ingressos para assistir a uma programação com os amigos,* você diz a si mesma sem hesitação e imediatamente fica perturbada. Afinal de contas, você o vê com seus próprios olhos, brincando com os amigos durante a hora do almoço. *Isso é típico dele,* você diz com desgosto. *Ele sequer leva em conta como isso pode afetar o meu planejamento.* Você fica remoendo isso a tarde inteira e, enquanto a sua ira cresce, fica imaginando exatamente o que ele vai lhe dizer em casa. No momento em que o vê, você explode: "Você podia ter me perguntado antes!" É quando você completa o serviço revelando que o pegou "com a mão na massa". "Ah benzinho", diz ele: "Eu queria surpreender você". *Me surpreender? Que nada.* "Eu sabia que você queria assistir a esta programação quando estreasse na cidade, e por isso, durante a minha hora de almoço, comprei entradas para amanhã à noite", ele diz. A natureza da conversa consigo mesmo tem uma característica: não perder tempo para fazer julgamentos precipitados.

A Conversa Consigo Mesmo É Aceita, ainda que Seja Irracional

Tínhamos acabado de descer do tablado em uma sala de conferências em nossa universidade. Eu (Les) estava fechando a minha pasta e respondendo a algumas perguntas dos estudantes. Estava pronto para ir embora, quando notei que Leslie tinha pelo menos uma dúzia de estudantes ao seu redor.

"Dra. Parrott", ouvi um estudante falando com ela: "Aquilo que você disse esta noite realmente me ajudou". Outros estudantes que estavam em volta dela balançaram a cabeça concordando e fizeram algumas perguntas relativas à conferência. Após termos finalmente saído do auditório, perguntei: "Então, como você acha que foi?" Foi quando Leslie me surpreendeu: "Eu errei o alvo", disse ela. Naturalmente, contra-ataquei com uma alta dose de elogios e a lembrei do que os estudantes haviam acabado de dizer.

Mas permita que eu diga que se ela ou qualquer outra pessoa acredita em sua conversa consigo mesma ("Eu fiz um trabalho horrível"), as mensagens contrárias não têm muito impacto. Se alguém pensar que não alcançou os seus próprios padrões, pode se convencer de que fracassou. Irracional? Pode apostar. Mas isso é a conversa consigo mesmo.

> *A coisa mais importante para qualquer um que queira obter sucesso em todas as áreas da sua vida é comandar o seu diálogo interno.*
>
> Sidney Madwed

A Conversa Consigo Mesmo É Aprendida

Cindy cresceu em um lar muito peculiar. Seu pai, por exemplo, sempre abria as portas para a sua mãe. De fato, sua mãe costumava permanecer sentada no banco de passageiros até que seu pai desse a volta para abrir a porta para ela. *É assim que um homem mostra à sua esposa que a ama,* a pequena Cindy pensaria consigo mesma. Quem não pensaria? Mas como você já adivinhou, quando Cindy se casou, seu marido jamais levou em conta um "valor tão fora de moda". "É para isso que temos trava elétrica", ele brincava com a sua esposa. Mas uma voz silenciosa na mente de Cindy dizia: *Se ele realmente gostasse de mim, abriria a porta do carro.* Com certeza, Cindy não estaria dizendo isso se não tivesse visto a atitude de seu pai durante toda a sua infância. Ela aprendeu isso, exatamente como cada um de nós desenvolve a conversa consigo mesmo ao longo do nosso crescimento. Este aspecto da conversa consigo mesmo é o mais encorajador: se a conversa irracional consigo mesmo pode ser aprendida, ela também pode ser desaprendida.[8]

Resumindo, a conversa consigo mesmo — os pensamentos automáticos que abrem um canal em nosso cérebro — é pessoal e específica, concisa, rápida e espontânea, aceita e aprendida. Com este entendimento, agora nos voltamos para a maneira como essas afirmativas silenciosas, aquelas que são ouvidas em uma voz mais alta, com maior freqüência e mais rapidamente, ajudam ou atrapalham a nossa Conversa de Amor.

A sua Mensagem que Governa o Relacionamento

Pressione o botão de rebobinar no seu-toca fitas mental. Reveja uma conversa que você teve com seu cônjuge hoje. Pode ter sido esta manhã enquanto estavam se preparando para ir trabalhar. Talvez tenha sido por telefone, ou por volta da hora do jantar. Repasse o máximo que puder da conversa. Agora rebobine o seu toca-fitas mental para rever as mensagens que enviou a si mesmo durante esta interação. Essas conversas vêm à mente de imediato? Não, se você for como a maioria das pessoas. A maioria de nós se recorda muito mais claramente das palavras que dizemos em voz alta do que daquelas que falamos para nós mesmos.

Ainda assim, nossa conversação interna *é* real. Enquanto falamos em voz alta a uma taxa de 150 ou 200 palavras por minuto, a pesquisa sugere que falamos em particular conosco mesmos a taxa de 1.300 palavras por minuto. E esta conversa interna nunca é desativada; ela continua enquanto dormimos, monitorando e influenciando os nossos sonhos.

A questão é que nem sempre você pode estar a par do seu diálogo interno, mas isso não evita que ele molde o seu relacionamento. E isso não tem que impedir que você faça alguma coisa a respeito. A chave, naturalmente, é estar consciente. Uma vez que você se conscientiza da sua mensagem que governa o relacionamento, pode fazer alguma coisa a respeito. E nós temos como ajudá-lo a fazer exatamente isso. Tem a ver com respeito — o quanto você respeita a si mesmo e ao seu cônjuge.

Esta idéia de respeito nos leva de volta à Parte Um deste livro, onde falamos sobre revelar o seu fator pessoal de insegurança (quer seja o medo de perder tempo, a aprovação, a lealdade ou qualidade). Este conhecimento é a base para toda boa conversa. E quando você convida o respeito para tomar parte no entendimento dos seus próprios fatores de insegurança, bem como os do seu cônjuge, a mensagem que governa o seu relacionamento recebe um grande impulso na qualidade, porque o respeito garante a segurança emocional.

O dicionário define *respeito* como um sentimento de apreço, honra e estima. "O respeito é o irmão caçula do amor" de acordo com um provérbio inglês. Ele cria um sentimento de segurança bem como de admiração e de gratidão. Quando você se respeita, sente-se valorizado. E quando respeita o seu cônjuge você o mantém em alto respeito.

Quando você respeita seu cônjuge seu diálogo interior se parece com este: *Estou tão grato por ele ser o meu cônjuge; eu realmente admiro a maneira como ele vive a sua vida; eu conheço a necessidade de segurança pessoal do meu cônjuge e quero honrá-la; e por isso sou uma pessoa melhor.*

E quando você se respeita, seu diálogo interior se parece com este: *Eu me sinto bem a respeito de mim mesmo como cônjuge; eu me respeito o suficiente para deixá-lo saber como me sinto mesmo que ele não concorde; sou valioso mesmo quando cometo erros; preciso ser leal a quem sou e reconhecer minhas necessidades de segurança pessoal; meu cônjuge é uma pessoa melhor porque faço parte de sua vida.*

Monitorando e Melhorando a sua Voz Interior

Se você juntasse todas as afirmativas da sua conversa consigo mesmo no que se refere ao seu relacionamento, e colocasse as negativas em um lado da balança e as positivas no outro, qual ganharia? Seriam as positivas? Esperamos que sim. Porque quanto mais positiva for a sua mensagem que governa o relacionamento, maior a possibilidade de que você respeite a necessidade de segurança do seu cônjuge e desta forma desfrute da Conversa de Amor. Mas verdade seja dita: uma única palavra negativa pode destruir dúzias de positivas, se for dita em um momento importante. É por isso que é particularmente valioso monitorar a sua voz interior em situações que, em geral, dão margem a um aspecto negativo.

Um sinal revelador de auto-sabotagem ocorre quando aquilo que está acontecendo com você não está de acordo com o que você espera. É noite de sexta-feira e você quer que o seu marido sugira um bom restaurante para jantar. Afinal de contas, "um marido amável iria querer tornar as coisas mais fáceis para a sua esposa, e passar algum tempo com ela". Mas esse pensamento nunca passa pela cabeça dele, e você não diz nada porque "ele deveria tomar a iniciativa". Você reúne as sobras de comida na geladeira e se senta para comer. "Talvez ainda possamos ter uma boa conversa", você diz consigo mesma. Porém você se sente decepcionada quando o seu companheiro aponta para a salada do outro lado da mesa enquanto enche a boca com uma garfada com as sobras do espaguete. Você queria se conectar, mas ele está ocupado demais engolindo a comida como se estivesse atrasado para pegar um vôo. Na verdade, é por causa de um jogo na TV. Assim, você se cala porque "uma mulher não deveria ter que pedir ao seu companheiro que fale com ela". Diante disso, você está dizendo a si mesma: "Se ele realmente se preocupasse comigo, gostaria de saber como estou me sentindo". Assim, o seu fator pessoal de insegurança de perder a lealdade dele surge, e você dá um show de autocomiseração no seu lado da mesa da cozinha — e ele sequer percebe. "Vou tomar o meu sorvete na sala de estar", diz ele enquanto sai da cadeira, com um palito na boca.

Você simplesmente fica sentada se sentindo rejeitada e deprimida. De cara feia. Então, você murmura silenciosamente para si mesma: "Tudo isso por devoção". Durante todo esse tempo o seu auto-respeito está mergulhando de cabeça, enquanto o respeito pelo seu companheiro serve como contrapeso.

Vamos dar uma boa olhada na sua conversa consigo mesma nesta situação. Se você fosse monitorá-la, logo perceberia que estava sendo a sua pior inimiga. Seu objetivo era se conectar com o seu companheiro e perceber alguma evidência de devoção por parte dele, mas você acabou por tentar puni-lo por não iniciar uma conversa. Você queria reprimi-lo por estar com pressa para assistir a um jogo em vez de falar com você. No final, você só puniu a si mesma.

Mas quanto o seu humor teria mudado se você tivesse dito a si mesma: "Não posso esperar que ele leia a minha mente — ele não sabe que eu gostaria de sair esta noite e apreciar uma boa conversa". Ou, "Só porque ele não quer começar uma conversa neste momento não significa que não esteja interessado em mim e que não seja dedicado ao nosso relacionamento". Com certeza, ter pensamentos como esses pode exigir alguma força mental, mas eles não seriam mais exatos? Mais racionais?

Esse tipo de conversa consigo mesmo aumenta o seu auto-respeito e o respeito para com o seu cônjuge. Com um diálogo interno mais racional, você se sente com forças para dizer em voz alta alguma coisa como: "Eu quero sair para comer fora hoje à noite, para passarmos algum tempo juntos". Você expressa os seus desejos. Jogos de adivinhação não são necessários. Nem ler pensamentos. E você respeita o seu cônjuge durante o processo. Você não o coloca numa posição que só você conhece.

> *Sentimentos de dignidade só podem florescer em uma atmosfera onde as diferenças individuais sejam apreciadas, os enganos sejam tolerados, a comunicação seja aberta e as regras sejam flexíveis.*
>
> Virgínia Satir

A questão é que a conversa consigo mesmo sobre o relacionamento se apóia em dois pontos: auto-respeito e respeito pelo cônjuge. E quanto mais vocês os cultivarem, mais respeitarão os fatores pessoais de insegurança um do outro, e apreciarão a calma da Conversa de Amor.

O que Dizer quando Você Fala Consigo Mesmo

As seguintes auto-afirmações são testadas ao longo do tempo, e reforçam o seu auto-respeito e o respeito pelo cônjuge. Por isso, esteja certo de colocar alguns desses itens ou perguntas em seu diálogo interno.

- "Como eu me sentiria se estivesse no lugar do meu cônjuge agora?"
- "Eu quero manter em mente a necessidade de segurança pessoal do meu cônjuge."
- "Ninguém é perfeito — incluindo meu cônjuge e eu."
- "Uma das coisas que mais aprecio em meu cônjuge hoje é..."

- "Se não me sinto apreciado, pode ser porque eu não esteja sendo apreciativo".
- "O que eu poderia fazer hoje para ser um cônjuge melhor?"
- "Não é sempre que posso escolher o que acontece comigo, mas sempre posso escolher como respondo às diversas situações."

Falando a partir dos seus Pontos Fortes

Se você estiver sentindo até mesmo o mínimo desânimo, se estiver se sentindo como se tivesse um trabalho árduo para fazer, gostaríamos de dar-lhe uma palavra de encorajamento. Você está mais próximo de desfrutar a Conversa de Amor do que imagina.

Aprenda uma lição do mundo dos negócios. Todo executivo de negócios experiente sabe que o sucesso começa quando você capitaliza sobre aquilo que sabe fazer melhor. De fato, as companhias de maior sucesso de hoje constroem o seu empreendimento em torno dos pontos fortes de cada um de seus empregados. Como eles costumam dizer, a verdadeira tragédia para qualquer companhia não é que seus empregados não tenham as habilidades certas, mas que eles fracassem na utilização das habilidades que têm. O mesmo pode ser dito sobre um relacionamento. Podemos ficar tão preocupados com as nossas deficiências que negligenciamos completamente os nossos pontos fortes. Nós nos tornamos o que Benjamim Franklin chamou de "relógios de sol na sombra". Este é o perigo da conversa negativa consigo mesmo — relativa a você ou ao seu cônjuge. Por isso queremos deixar com você uma oportunidade concreta de empregar a sua energia naquilo que você faz bem, de modo que você verá um grande avanço tanto no seu auto-respeito como no respeito pelo seu cônjuge. Inicialmente, você pode pensar que isso parece elementar e superficial, mas nós vimos isso fazer maravilhas por inúmeros casais, ao maximizarem seus pontos fortes e verem a sua Conversa de Amor prosperar. Por isso nós os incentivamos a levar isto a sério.

Eis como funciona: Primeiro você faz uma lista de meia-dúzia de coisas que aprecia no seu cônjuge. Use algum tempo para ponderar e anotá-las. É essencial que você seja tão específico quanto possível, e se concentre em traços característicos — não apenas o que ele ou ela faz por você. Por exemplo, pode ser que você aprecie o modo como sua companheira deixa recados gentis ou mensagens simpáticas na secretária eletrônica, mas o traço característico fundamental é ser atenciosa. Você pode apreciar o fato de que seu marido sempre paga as suas contas a tempo, mas o traço característico é ser disciplinado. Você entendeu. Considere como sendo características admiráveis:

- carinhoso
- animado
- comprometido
- dedicado
- elegante
- vigoroso
- fiel
- generoso
- misericordioso
- confiante
- criativo
- gentil
- honesto
- benevolente
- otimista

Isto é só para começar. Você pode adicionar suas próprias características a esta lista. Para cada característica que identificar, ajudará muito se você anotar dois ou três exemplos de como você percebe isso em seu cônjuge.

Recomendamos enfaticamente que você considere os pontos fortes do seu cônjuge nas seguintes categorias: mental, social, física e espiritual. Todo cônjuge quer se sentir mentalmente capaz, socialmente desejável, fisicamente atraente e espiritualmente vivo; assim, considere comentários que aumentem o auto-respeito dele em cada uma dessas áreas. Se essas categorias não funcionam para você, tudo bem. O principal objetivo é fazer uma lista da meia dúzia de coisas que você mais aprecia no seu cônjuge.

Dê a si mesmo algum tempo para fazer essa lista, mas uma vez que você a tenha, garantimos que o seu cônjuge adoraria vê-la. De fato, isto é crucial para aumentar o seu respeito mútuo. Sugerimos que vocês separem um momento específico para compartilhar em conjunto as suas listas. Façam disso um ponto forte do relacionamento somente para vocês dois. Esta pode ser comprovadamente a reunião mais importante que você vai ter durante o ano!

Uma vez que ambos completem suas listas, sejam resolutos sobre compartilhar entre si. A propósito, enquanto você ouve seu cônjuge relatar a lista de qualidades admiráveis a seu respeito, não se sinta compelido a comentá-la. E, com certeza, não as menospreze. Este é um momento para simplesmente absorver os elogios.

O valor real deste exercício encontra-se em manter as suas listas sempre à mão — a que você fez para o seu cônjuge, e a que ele fez para você. Coloque-as em sua carteira ou bolsa. Coloque-as em sua escrivaninha. Isto ajudará vocês cada vez mais em seus esforços para aumentar seu amor-próprio e o respeito pelo seu cônjuge. Examinar sua lista de tempos em tempos, fará com que você continue a se apoiar nos seus pontos fortes.

Este exercício simples é o modo mais eficiente que encontramos para aprimorar e manter positiva a sua conversa consigo mesmo.

A propósito, este exercício não termina aí. A cada mês sugerimos que vocês releiam e revisem as suas listas. Mark Twain disse que podia viver durante dois meses com um bom elogio. Esse pode ser um bom período de tempo para atualizar a sua lista de afirmações. O objetivo é mantê-la atualizada.

Portanto, Lembre-se disso:

A conversa silenciosa que ocorre em sua cabeça determina a proximidade ou a distância que um sente em relação ao outro. Quando suas afirmações positivas superam as negativas, você está praticando a Conversa de Amor. Quando você se lembra do fator de insegurança pessoal do seu cônjuge e respeita a sua necessidade de segurança emocional, você está praticando a Conversa de Amor. Quando você intencionalmente respeita e aceita o estilo e o modo de seu cônjuge falar, você esta praticando a Conversa de Amor. Quando você se coloca no lugar dele com muita empatia, você está praticando a

> *Sentimentos são simplesmente o que dizemos a nós mesmos sobre as nossas experiências.*
>
> Charles T. Brown

Conversa de Amor. Quando você conserva em mente as suas diferenças de gênero e ouve com o terceiro ouvido, está praticando a Conversa de Amor. Quando você faz qualquer uma dessas coisas ou todas elas, está praticando a Conversa de Amor. Fluentemente.

epílogo

A Mensagem Fundamental da Conversa Amorosa

De acordo com pseqiusa da Uinervsiadde de Cmabrigde, não improta a odrem em que as lretas etsão em uma palarva; a uinca ciosa improntante é que a pirmiera e a útilma lerta esteajm no lagur creto. O rseto pdoe ser uma copmleta cnosfuão que você anida cnosegue ler sem prolbema. Isto proque a mnete huamna não lê lerta por lerta, mas a plaavra como um todo.

Bem, antes que você dispare um e-mail ao editor deste livro a respeito da imperdoável falta de revisão dos erros de impressão nesta página, queremos estar seguros de que você leu este parágrafo inteiro, do princípio ao fim, e assim entendeu o essencial. O essencial é que mesmo com inúmeros erros, você ainda pode se comunicar efetivamente.

Aplicamos esta pequena brincadeira porque ela revela uma importante lição para cada casal que quer desfrutar a Conversa de Amor: os melhores comunicadores concedem uns aos outros, permissão para cometer erros, porque ambos estão a um passo de errar (nem mesmo os mais instruídos peritos conseguem um resultado perfeito), e a vida em comum é muito mais doce quando os erros de comunicação são recebidos com boa vontade.

De vez em quando, em um de nossos seminários de relacionamento por todo o país, ouvimos casais que discutem na hora do almoço ou durante um intervalo, e um deles diz: "Ei, você não está me ouvindo da maneira como eles explicaram", ou "Você não está esclarecendo o conteúdo da minha mensagem do modo como acabaram de nos ensinar". Isso sempre nos deixa assustados. A questão não é ser perfeito para nunca colorir fora das linhas. Não é pegar seu cônjuge em algum erro. A questão é se conectar.

Pense nisso desse modo; fornecemos as melhores ferramentas que temos para que vocês possam falar a linguagem um do outro — para estabelecerem a mais profunda conexão verbal possível. Vocês leram o livro, conversaram sobre os seus princípios e fizeram os autotestes. Agora é hora de colocar em prática o que aprenderam. O que esta pesquisa da Universidade de Cambridge nos mostra é que cada um de nós é programado para compreender o sentido das falhas de comunicação. Esta é uma boa notícia — uma boa notícia mesmo — para todos aqueles que desejam praticar a Conversa de Amor! Quando estamos propensos a olhar além dos erros, temos um socorro para as inevitáveis interrupções de comunicação.

Este livro não fará de vocês comunicadores perfeitos em todas as ocasiões. Nós somos os primeiros a admitir isso. Você pode ter certeza de que ainda viverá momentos em que se sentirá completamente mal compreendido. Haverá ocasiões em que você ouvirá o seu cônjuge dizendo algo de um modo não intencional. Esteja certo de que haverá oportunidades em que o seu cônjuge tratará de um assunto de maneira superficial ou séria demais. Garanto que você vai se deparar com momentos em que seu cônjuge simplesmente "não estará se comunicando bem". E, com certeza, ele perceberá o mesmo em você. Assim é a vida em uma relação íntima.

Mas nessas ocasiões, quando a sua comunicação não for tranqüila, permita que a sua mente ignore qualquer erro que você possa encontrar — até mesmo o mais gritante. A sua mente foi projetada para fazer exatamente isso, se você lhe der uma chance. Mas isso significa que, quando flagrar seu cônjuge em algum erro, você vai parar de procurar pequenas falhas e recuar seu dedo acusador. Em vez disso, concentre-se no que você entende e que realmente faz sentido. Isso vai conter a sua crítica interior, e colocará a sua comunicação de volta no caminho certo, propiciando um espaço para que cada um de vocês respire fundo... e relaxe no conforto de dar e receber perdão.

Vocês não precisam ser "comunicadores perfeitos" para falar a linguagem um do outro. A perfeição nunca foi um pré-requisito para uma comunicação profunda. Esta é a mensagem fundamental da Conversa de Amor.

Ajuda Prática para o Cônjuge Silencioso

Paus e pedras atiradas com hábil ira podem machucar os ossos,
As palavras doem mais do que qualquer coisa,
Mas o silêncio parte o coração.

Phyllis McGinley

Trabalhando como psicólogo clínico recém-formado, eu (Les) freqüentemente me aconselhei com médicos que estavam tratando de pacientes que sofriam de queimaduras físicas terríveis. Pelo fato de o processo curativo para pacientes de queimadura ser tão penoso, e o tratamento necessário, tão doloroso, alguns pacientes simplesmente não conseguem enfrentá-lo e desistem de tentar. Quando as enfermeiras os levam em cadeiras de rodas ao longo do corredor até a sala do tanque onde eles serão submergidos para que a sua pele queimada possa ser meticulosamente esfregada, prevenindo infecções perigosas, os pacientes gritam: "Não me toque. Me deixe morrer!"

E não é nenhum exagero dizer que alguns dos que permanecem calados se sentem do mesmo modo diante da possibilidade da dor em seu relacionamento.[1] Eles clamam em silêncio: "Não me toque! Me deixe em paz". Eles provavelmente aprenderam pelo modo mais difícil que a vulnerabilidade pode ser dolorosa. Eles tiveram seus corações chutados pelo chão muitas vezes. Assim eles se fecham, jurando silenciosamente nunca mais se exporem outra vez. Eles se tornam um cônjuge silencioso.

Mas em seu interior, todo cônjuge silencioso sabe que a cura exigirá que ele se abra. É a natureza do amor. "De qualquer forma, amar é estar vulnerável", escreve C. S. Lewis em *The Four Loves* (Os Quatro Amores).

"Ame qualquer coisa, e seu coração será atormentado e possivelmente partido. Se você quer estar seguro de manter o seu coração intacto — não deve entregá-lo a ninguém, nem sequer a um animal. Embrulhe-o cuidadosamente com passatempos e pequenos luxos, evitando qualquer envolvimento. Tranque-o em segurança na caixa do seu egoísmo. E nesta caixa segura, escura, inanimada, sem ar, ele não se alterará, não se partirá. Tornar-se-á inquebrável, impenetrável e sem esperança. O único lugar fora do céu onde você estará perfeitamente a salvo dos perigos do amor é o inferno."

Se você tende a ser silencioso, queremos encorajá-lo. Você não precisa continuar vivendo em uma silenciosa caixa de medo. Você pode amar e ser amado. É arriscado? Com certeza. Mas o plano de seis passos que se segue já ajudou centenas de pessoas exatamente como você a enfrentar o risco e aproveitar um relacionamento caracterizado pela Conversa de Amor. Então vejamos:

1. Assuma o seu Pedaço da Torta

Em 1990, quando Bill McCartney fundou o Promise Keepers, o ministério dedicado a formar homens íntegros, ele realmente acreditava que o seu casamento com Lyndi estivesse bem. Seu compromisso como treinador em mais uma temporada espetacular na Universidade do Colorado e o desenvolvimento desse seu novo ministério, no entanto, forneciam a camuflagem perfeita para a hipocrisia em sua vida pessoal. "Pode parecer inacreditável", ele escreve em seu livro *Sold Out*, "mas enquanto os Promise Keepers inspiravam espiritualmente o meu íntimo, minha dedicação ao ministério estava me afastando, no sentido mais verdadeiro, de cumprir o que eu havia prometido à minha própria família".

McCartney aponta para dois acontecimentos que lhe mostraram que estava fora de sintonia, e evitando assumir a responsabilidade pela condição do seu próprio casamento. Um foi uma reunião dos Promise Keepers na qual foi dito aos homens para escreverem a nota que suas esposas dariam a seus casamentos se fossem classificá-los de um a dez. Ele teve que admitir com embaraço aos outros homens no palanque que Lyndi provavelmente daria somente um seis ao seu casamento.

Então, no outono de 1994, McCartney ouviu um locutor fazer esta enfática declaração: "Se você quiser conhecer o caráter de um homem, olhe para o rosto de sua esposa. Tudo o que ele investiu ou negou a ela estará refletido em sua fisionomia". McCartney teve um estalo. Como ele mesmo define, ele acompanhou sua "esposa magoada" até a saída do estacionamento sabendo que reconstruir o seu casamento exigiria dele medidas drásticas. Logo depois, ele anunciou a sua aposentadoria da Universidade do Colorado a fim de passar mais tempo com Lyndi. Para isso ele desistiu dos dez anos remanescentes do seu contrato de 945 mil reais por ano. A revista *Sports Illustrated* chamou esse fato de "não-americano". McCartney o classificou como assumir a responsabilidade pelo estado do seu casamento.

O melhor dia em qualquer relacionamento é quando os dois assumem a responsabilidade pelo seu pedaço da torta. Isso não exige nada tão dramático como abandonar o seu emprego, mas pode ser tão assustador quanto fazê-lo. Assumir a responsabilidade pela sua falha — seu hábito de não dialogar — pode ser assustador, pois uma vez que você assumiu a responsabilidade, você é compelido a mudar. Nelson Mandela pode ter pensado nisso quando disse: "Nosso maior medo não é descobrir que somos incapazes, mas descobrir que temos um poder enorme, que ultrapassa os nossos limites".

E curto prazo, é muito mais fácil fugir da responsabilidade pelos nossos problemas culpando outra pessoa. Mas, em longo prazo, assumir a nossa falta de empatia, a nossa falta de diálogo, a nossa auto-sabotagem é o indicador mais importante de que estamos transformando a nossa Falta de Diálogo em uma Conversa de Amor.

2. Reconheça a sua Vulnerabilidade

Aquiles, o mitológico herói grego, era notável por sua força e coragem. Em *Ilíada*, sua mãe, Tétis, teve uma premonição de que o seu filho morreria durante uma batalha. Assim, ela o imergiu no rio Estige para torná-lo invulnerável. Tétis segurou a criança pelos calcanhares enquanto o resto do corpo foi imerso na água. Como quis o destino, uma flecha envenenada atirada por Apolo feriu Aquiles no calcanhar, seu único ponto vulnerável, e causou a sua morte.

É provável que a Falta de Diálogo seja o calcanhar de Aquiles do seu relacionamento. Com exceção dessa fraqueza, a sua relação pode proporcionar mais do que você pode pedir. Você pode estar financeiramente estável, morar em um bairro bom, ter um afetuoso círculo de amigos e filhos maravilhosos. Mas até que você proteja o seu relacionamento da vulnerabilidade da Falta de Diálogo, a sua relação estará em perigo. Temos visto mais casais do que podemos contar cujas relações ruíram — muito embora tivessem muitas qualidades positivas — porque eles nunca prestaram atenção a essa questão da Falta de Diálogo.

Assim, recomendamos com insistência que você reconheça a gravidade dessa deficiência. Não se iluda em pensar que isso desaparecerá por si só. Você tem que prestar atenção a isso, e sabemos que o está fazendo exatamente porque está lendo estas linhas. Você está no caminho certo.

3. Olhe para o seu Cônjuge acima de sua Própria Dor

Sabemos que você provavelmente tem boas razões para recuar. Você se sente magoado. Você sofreu uma injustiça que não merecia. Qualquer que seja a sua história, não queremos depreciá-la, mas sim ajudá-lo a superar isso. Assim, este passo pode ser duro. Exige que você deliberadamente passe por cima de sua própria dor em busca da de seu cônjuge.

Há um velho conto chinês sobre uma mulher cujo único filho morreu. Em sua aflição, ela foi ter com um homem santo e perguntou: "Que encantamentos mágicos você tem para trazer meu filho de volta à vida?" Em vez de mandá-la embora ou tentar dissuadi-la, ele lhe disse: "Traga-me a semente de mostarda de uma casa que nunca experimentou a tristeza. Nós a usaremos para levar a tristeza para fora de sua vida".

A mulher partiu imediatamente à procura daquela mágica semente de mostarda. Ela chegou primeiro a uma mansão esplêndida, bateu à porta, e disse: "Estou procurando uma casa que nunca tenha conhecido a tristeza. É este o tal lugar? É muito importante para mim". E lhe responderam: "Você com certeza veio ao lugar errado", e começaram a descrever todas as coisas trágicas que lhes tinham acontecido recentemente. A mulher disse a si mesma. "Quem melhor do que eu, que tive a minha própria desgraça, está capacitada a ajudar estas pessoas pobres e desafortunadas?" Ela ficou ali para os confortar, e depois prosseguiu em sua busca por uma casa que nunca tivesse conhecido a tristeza. Mas onde quer que fosse, em choupanas e palácios, ela encontrava um relato após outro de tristezas e infortúnios. No final, a mulher se envolveu tanto na ajuda a outras pessoas que se esqueceu de sua busca pela semente de mostarda mágica, jamais percebendo que na realidade a tristeza já havia sido levada para fora de sua vida.

Uma vez que você faz a escolha de se elevar acima de sua autopiedade, uma vez que desiste de uma cura mágica para os seus problemas, você se verá com uma perspectiva completamente nova na vida e no amor. Você verá que a sua relação não diz respeito apenas à satisfação das suas próprias necessidades, mas também às de seu companheiro. Seguramente, você já saiba disso, mas esteja determinado a levar o seu coração indolente consigo. Isso abrirá a porta de sua vida à empatia, e você ficará abalado e admirado com o seu poder de transformação.

4. Encontre uma Avaliação Compassiva, mas Honesta

Henry Ward Beecher disse: "Nenhum homem pode apontar a outro as falhas deste para beneficiá-lo, a menos que o ame". Se você se elevar acima de seu padrão de Falta de Diálogo e aprender a se identificar com seu cônjuge, achará a viagem muito mais fácil tendo um guia confiável, um mentor ou um companheiro responsável que caminhará com você — não com a finalidade de apontar suas falhas, mas porque quer o melhor para você.

Assim, considere com seriedade um mentor ou conselheiro em quem você possa confiar — uma pessoa que o guiará suavemente enquanto você trabalha para sair da cova da Falta de Diálogo, e para abrir caminho para um novo canal em seus padrões de comunicação. Embora este passo possa ser difícil de ser dado, temos percebido que ele acelera significativamente o progresso para a maioria das pessoas.

Aproxime-se de uma pessoa que você respeita e convide-a para uma relação de aconselhamento que a capacitará a aprender mais sobre como ser um cônjuge afetuoso. Você também pode considerar a possibilidade de contratar um conselheiro por um curto período de tempo. É claro que, ser aconselhado ou guiado requer expor-se a uma avaliação crítica. Mas um verdadeiro conselheiro só lhe fará uma crítica piedosa para lhe ajudar a melhorar. Uma relação de aconselhamento estabelece um senso de responsabilidade pelo aprimoramento, e é um elemento vital para qualquer pessoa séria mudar seus hábitos ou os de seu cônjuge. Até mesmo o ícone dos não-conversadores, Ebenezer Scrooge, na obra de Charles Dickens, *A Christmas Carol* (Um Conto de Natal), tinha um "mentor" no fantasma de Jacob Marley. Através do relacionamento deles, o velho avarento exclamou: "Não quero ser mais o homem que eu era", e não foi.

5. A Experiência com a Vulnerabilidade

Não há outro modo: quando nos abrimos para outra pessoa, nos arriscamos à rejeição e à decepção. Exatamente da mesma maneira que uma criança se arrisca a esfolar o joelho ao aprender a andar de bicicleta, assim nos arriscamos a sofrer a dor emocional ao entrarmos em um diálogo vulnerável. Não entenda mal. Não estamos pedindo que você desnude a sua alma a um nível mais profundo. Simplesmente estamos sugerindo que você tente fazer uma experiência. Abrir-se sobre um projeto de trabalho, por exemplo, que você normalmente manteria em segredo. Conte ao seu cônjuge como isso está fazendo com que você se sinta. Diga algo como: "O prazo final de um trabalho está de fato pesando terrivelmente sobre mim". Então veja o que acontece.

Se você não obtiver a resposta que gostaria, tudo bem. Acontece a todos nós. Por enquanto, releve. Não permita que isso paralise você. Se você estiver procurando uma resposta específica, provavelmente se sentirá magoado em algumas destas ocasiões. Mas isso faz parte do processo. Como disse o psiquiatra e escritor M. Scott Peck: "Não podemos curar ou sermos curados sem que estejamos dispostos a ser feridos". Peck também disse: "Se Jesus nos ensinou alguma coisa, foi que o caminho para a salvação passa pela vulnerabilidade".[2] Então corra o risco de se abrir para o seu cônjuge. Revele a ele o que você puder. O efeito da vulnerabilidade em um cônjuge é quase sempre apaziguador. Vulnerabilidade gera vulnerabilidade. E é este dar e receber que constrói a ponte sobre as águas turbulentas da Falta de Diálogo.

6. Busque a Cura através de Ajuda Profissional

Finalmente, se você está entrincheirado numa profunda rotina de Falta de Diálogo, provavelmente está muito ferido. E essas feridas podem não ter absolutamente nada a ver com seu cônjuge. Nunca nos esqueceremos de quando falamos para várias centenas de fuzileiros casados que haviam acabado de retornar da guerra no Iraque. Eles tinham estado longe de seus cônjuges durante meses a fio. E acredite em nós quando dizemos que este grupo tinha mais pessoas que não desejavam falar do que o normal. Mas esses cônjuges silenciosos não estavam calados por causa de seus companheiros; era a experiência infernal que eles tinham suportado há pouco tempo.

Bem, você não tem que ir para a guerra para sofrer ferimentos. Você pode ter crescido em um lar que lhe infligiu muita dor emocional ou física. Você pode ter sofrido uma terrível reviravolta em sua carreira. Você pode ter sido ferido em uma relação anterior. Qualquer que seja a origem da fragmentação da sua auto-estima, se você estiver carregando uma dor que está interferindo no seu relacionamento, nós lhe recomendamos que busque com urgência a ajuda de um conselheiro competente. Pergunte a outros da área de ajuda profissional se eles podem fazer uma boa indicação. Médicos, pastores, enfermeiras e professores freqüentemente fornecem excelentes indicações. Outras fontes de informação incluem hospitais, sociedades de serviço comunitário, serviços de orientação e grupos profissionais locais. Este passo final pode ser a coisa mais importante que você venha a fazer por si mesmo e pelo seu relacionamento.

Notas

capítulo um: Podemos Conversar?

1 A propósito, fomos motivados em nossa busca por chaves de comunicação mais profundas e duradouras, a partir de uma perspectiva profissional bem como pessoal. As pesquisas mostram que quando casais divorciados são perguntados sobre o motivo de seu divórcio, 5% dizem que foi por causa do abuso físico, 16% por causa do abuso de drogas ou de álcool, e 17% por causa do adultério. A causa que gera uma quantidade esmagadora de divórcios, relatada por aqueles que passaram por isso, foi "incompatibilidade" — fracasso em simplesmente se darem bem juntos. Como um relatório destas descobertas afirma: "Declarado de uma forma diferente, 60% dos casamentos fracassaram por causa da comunicação pobre ou habilidades de resolução conflitantes" (M. McManus, "How to Create an America that Saves Marriages", *Journal of Psychology and Theology* 31 [2003]: 203) — razão suficiente para que qualquer conselheiro matrimonial queira entender completamente o treinamento de comunicação para casais.

capítulo dois: A Força Relacional Vital

1 B. J. Flowers, "Psychology and the Good Marriage: Social Theory as Practice", *American Behavioral Scientist* 41 (1998): 516–26.

2 R. M. Sabatelli, R. Buck, e A. Dreyer, "Nonverbal Communication Accuracy in Married Couples", *Journal of Personality and Social Psychology* 43, nº 5 (1982): 1088–97.

3 I Coríntios 13.1.

capítulo três: A Comunicação 101

1 Veja, por exemplo, Jó 19.2,3.

capítulo quatro: O Fundamento de toda Grande Conversa

1 J. Scott Armstrong, "Bafflegab Pays", *Psychology Today* (maio de 1980), p.12.

2 Veja W. M. Marston, *The Emotions of Normal People* (1928; reimpresso, Minneapolis: Persona Press, 1979); W. Clark, *The Activity Vector Analysis: Basic theory, administration, and application of activity vector analysis* (Barrington, RI: Walter

V. Clarke Associates, 1967); B. J. Bonnstetter, J. Suiter, e R. J. Widrick, *DISC: A Reference Manual* (Scottsdale, AZ: Target Training International, 1993); B. J. Bonnstetter, J. Suiter, e R. J. Widrick, *The Universal Language: DISC* (Scottsdale, AZ: Target Training International, 2001); M. O'Connor, *The DISC Model, Trainer and Consultant Reference Encyclopedia* (Nova Iorque: Life Associates, 1987); C. G. Jung, Gerhard Adler, R. F. C. Hull, *Psychological Types*, Collected Works of C. G. Jung, vol. 6 (Princeton, NJ: Princeton University Press, 1971); J. Trent, R. A. Cox, e E. S. Tooker, *Leading From Your Strengths* (Nashville: Broadman e Holman, 2004).

3 Reportagem na *U.S. News & World Report* (20 de janeiro de 1989).

4 M. Raphael, "It's True: Drivers Move Slowly If You Want Their Space", *Raleigh News and Observer* (13 de maio de 1997), 1A.

5 "What's Inside a Real-Life Panic Room?" ABCnews.com (acessado em 2 de abril de 2004).

capítulo seis: Como Vocês Influenciam Um ao Outro?

1 Wesley Britton, "Mark Twain: 'Cradle Skeptic'", www.yorku.com (acessado em 2 de abril de 2004).

2 Susan K. Harris, "The Courtship of Olivia Langdon and Mark Twain", *Cambridge Studies in American Literature and Culture* (Cambridge: Cambridge University Press, 1996), xiii.

capítulo sete: Como Você Reage às Mudanças?

1 Hanz Finzel, *Change Is Like a Slinky: 30 Strategies for Promoting and Surviving Change in Your Organization* (Chicago: Northfield, 2004).

capítulo oito: Como Você Toma Decisões?

1 K. Kersting, "Cons of Perfectionism Include Self-Criticism", *Monitor on Psychology*, maio de 2004, p.20.

2 C. Yeager, *Chuck Yeager* (Nova Iorque: Bantam, 1985).

capítulo dez: O Ajuste Fino da Conversa

1 John Gottman, "Welcome to the Love Lab", *Psychology Today* (setembro de 2000), p.42–48.

2 Para um resumo sobre o valor da empatia em cada um desses domínios, veja D. Goleman, *Emotional Intelligence* (Nova Iorque: Bantam, 1995); e H. Weisinger, *Emotional Intelligence at Work* (São Francisco: Jossey-Bass, 1998).

3 B. Azar, "Defining the Trait that Makes Us Human", *APA Monitor* 28 (1997): p.1.

capítulo onze: Os Homens Analisam, as Mulheres São Solidárias

1 D. Tannen, ed., *Framing in Discourse* (Oxford e Nova Iorque: Oxford University Press, 1993), p.358.

2 C. Hall e J. Mosemak, "USA Snapshots", *USA Today*, 30 de abril de 1997, p.A1.

3 Relatado em Barbara e Allan Pease, *Why Men Don't Listen and Women Can't Read Maps* (Nova Iorque: Welcome Rain Publishers, 2000).

4 Robert Bly, citado na obra de Gloria e Michael Sporakowski, *Taking Sides: Clashing Views on Controversial Issues in Family and Personal Relationships*, 3ª ed. (Guilford, CT: William C. Brown Publishers, 1996).

5 R. J. Watson e Peter T. Klassen, *Style Insights DISC Instrument Validation Manual* (Scottsdale, AZ: Target Training International, 2004).

6 Ibid.

7 L. R. Brody e J. A. Hall, "Gender and Emotion", na obra de Michael Lewis e Jeanette M. Haviland-Jones, eds., *Handbook of Emotions* (Nova Iorque: Guilford Press, 1993).

8 D. Tannen, *You Just Don't Understand* (Nova Iorque: Ballantine, 1991).

9 C. Gilligan, *In a Different Voice: Psychological Theory and Women's Development* (Cambridge: Harvard University Press, 1982).

capítulo doze: Ouvindo com o Terceiro Ouvido

1 E. Foulke, "Listening Comprehension as a Function of Word Rate", *Journal of Communication* 18 (1968): p.198.

2 N. L. Van Pelt, *How to Speak So Your Mate Will Listen and Listen So Your Mate Will Speak* (Grand Rapids: Revell, 1989).

3 V. P. Richmond, J. C. McCroskey, e K. D. Roach, "Communication and Decision-making Styles, Power Base Usage, and Satisfaction in Marital Dyads", *Communication Quarterly* 4 (1997): p.410–17.

4 E. Stotland, *Empathy, Fantasy and Helping*, "Sage Library of Social Research", vol. 65 (Londres: Sage, 1978), p.179.

5 Deborah Tannen usa este exemplo em seu livro útil, *I Only Say This Because I Love You* (Nova Iorque: Random House, 2001), p.8.

6 Editoras M. Purdy e D. Borishoff, *Listening in Everyday Life* (Nova Iorque: University of America Press, 1996).

7 Paul Tournier, *To Understand Each Other* (Atlanta: John Knox Press, 1967), p.29.

capítulo quatorze: Vamos Falar de Amor

1 Era costume na China casar crianças, mas fazê-los permanecer com seus pais até que fossem mais velhos — um costume que contribuiu para o casamento extremamente longo destes casais.

2 D. E. Conroy e J. N. Metzler, "Patterns of Self-Talk Associated with Different Forms of Competitive Anxiety", *Journal of Sport and Exercise Psychology* 26 (2003): p.69–87.

3 S. Helmstetter, *What to Say When You Talk to Yourself* (Nova Iorque: Fine Communications, 1997).

4 Grande parte do nosso pensamento sobre a conversa consigo mesmo foi formado pela pesquisa que Les dirigiu com o Dr. Neil Clark Warren em seu livro, *Love the Life You Live* (Tyndale, 2003) e encontrado no capítulo intitulado "Tuning Into Your Self-Talk".

5 B. H. Levine, *Your Body Believes Every Word You Say: The Language of the Body/Mind Connection* (Boulder Creek, CA: Aslan, 1991).

6 S. Blakeslee, "Tracing the Brain's Pathways for Linking Emotion and Reason", *New York Times*, 6 de dezembro de 1994, B1.

7 C. P. Neck e C. C. Manz, "Thought Self-leadership: The Influence of Self-talk and Mental Imagery on Performance, *Journal of Organizational Behavior* 13 (1992): p.681–99.

8 L. Ievleva e T. Orlick, "Mental Links to Enhanced Healing: An Exploratory Study", *The Sport Psychologist* 5 (1991): p.25–40.

apêndice: Ajuda Prática para o Cônjuge Silencioso

1 C. Flora, "The Blirtacious Wives Club", *Psychology Today*, março de 2004, p.22.

2 M. Scott Peck, *The Road Less Traveled* (1978; reimpressão., Nova Iorque: Simon e Schuster, 2002).

Sobre os Autores

Os Drs. Les e Leslie Parrott são co-diretores do Centro para o Desenvolvimento do Relacionamento na Seattle Pacific University (SPU), um programa penetrante dedicado a ensinar o básico sobre bons relacionamentos. Les Parrott é professor de psicologia clínica na SPU, e Leslie é terapeuta em casamento e família na mesma instituição. Les e Leslie Parrott são autores dos livros ganhadores do Prêmio Medalha de Ouro *Saving Your Marriage Before It Starts* (Salvando o seu Casamento antes que Comece), *Becoming Soul Mates* (Tornando-se Almas Gêmeas), *The Love List* (A Lista do Amor), *Relationships* (Relacionamentos) e *When Bad Things Happen to Good Marriages* (Quando Coisas Ruins Acontecem com Bons Casamentos). Eles foram destaque nos programas *Oprah, CBS This Morning, CNN* e *The View,* e nos jornais *USA Today* e *New York Times.* Eles também são palestrantes freqüentemente convidados e têm escrito para várias revistas. Les e Leslie Parrott são os apresentadores do programa de rádio nacional *Love Talk.* Eles vivem em Seattle, Washington, com seus dois filhos.

www.realrelationships.com